TESTE DE RORSCHACH: ATLAS E DICIONÁRIO

Padrões preliminares para o meio brasileiro

Planejamento e supervisão
MONIQUE AUGRAS
Colaboração
ELIDA SIGELMANN
MARIA HELENA MOREIRA

TESTE DE RORSCHACH: ATLAS E DICIONÁRIO
Padrões preliminares para o meio brasileiro

11ª edição

FUNDAÇÃO GETULIO VARGAS
EDITORA

ISBN — 85-225-0270-6

Copyright © Fundação Getulio Vargas

Direitos desta edição reservados à
EDITORA FGV
Rua Jornalista Orlando Dantas, 37
22231-010 — Rio de Janeiro, RJ — Brasil
Tels.: 0800-21-7777 — 21-2559-4427
Fax: 21-2559-4430
e-mail: editora@fgv.br — pedidoseditora@fgv.br
web site: www.editora.fgv.br

Impresso no Brasil / *Printed in Brazil*

Todos os direitos reservados. A reprodução não autorizada desta publicação, no todo ou em parte, constitui violação do copyright (Lei nº 9.610/98).

Os conceitos emitidos neste livro são de inteira responsabilidade dos autores.

1ª edição — 1969
7ª edição — 1994 — reimpressão
              1996 — reimpressão
              1997 — reimpressão
8ª edição — 1999
9ª edição — 2000
10ª edição — 2002
11ª edição — 2004
1ª reimpressão — 2008

Capa: Tira linhas studio

Ficha catalográfica elaborada pela
Biblioteca Mario Henrique Simonsen / FGV

Teste de Rorschach: atlas e dicionário: padrões preliminares para o meio brasileiro / Planejamento e supervisão de Monique Augra; colaboração de Elida Sigelmann, Maria Helena Moreira. — 11 ed. — Rio de Janeiro : Editora FGV, 2004.

xxi, 227.: il.

1. Rorchach, Testes de. I. Augras, Monique, 1937 —. II. Sigelmann, Elida. III. Moreira, Maria Helena. IV. Fundação Getulio Vargas.

CDD - 351.0073

PREFÁCIO DA 1.ª EDIÇÃO

Há mais de vinte anos, o Instituto de Seleção e Orientação Profissional (ISOP), mantido pela Fundação Getúlio Vargas, vem desenvolvendo atividades em dois campos paralelos, mas diferenciados: o das aplicações psicológicas que os nomes orientação e seleção indicam, e o de pesquisas científicas que essas aplicações mais esclareçam. A documentação referente a tais realizações e estudos encontra-se nos fascículos de *Arquivos Brasileiros de Psicotécnica*, cujo número já excede uma centena, e, bem assim, em volumes de maior ou menor extensão.

A êsses volumes ora se junta esta obra, *Teste de Rorschach: Atlas e Dicionário*, resultante de uma investigação sôbre material colhido nos serviços do ISOP, e planejada e executada em seu Serviço de Pesquisa e Ensino sob a chefia da eminente Psicóloga Monique Augras e a colaboração valiosa de Elida Sigelmann e Maria Helena Moreira.

A necessidade de um guia prático dêsse tipo, resultante de material brasileiro, de há muito se fazia sentir, como expressamente o reconheceu, a primeira das JORNADAS BRASILEIRAS DO PSICODIAGNÓSTICO DE RORSCHACH últimamente reunida em São Paulo. Nela se deixou claro que não seria judicioso estabelecer ritos estritos para aplicação e interpretação dessa prova projetiva, dada sua própria natureza. Não obstante, aí se admitiu a vantagem de contarem os estudiosos do Rorschach com certo tipo de ordenação no trabalho de registro de dados, em face da variedade de escolas e sistemas taxinômicos, a qual torna menos comparáveis, entre si, os protocolos de exame e indicações numéricas dos psicogramas.

Deve-se compreender que as normas alemãs, suíças, francesas e norte-americanas não surgiram por efeito da preferência pessoal de prandes investigadores; mas, sim, da observação de características ligadas à expressão da vida cultural de cada país, a qual, queiramos ou não, vêm a revelar-se nas provas projetivas.

A êsse respeito, Monique Augras, presente àquela reunião de São Paulo, aí prestou um depoimento de especial interêsse: havendo, em seus estudos e tirocínio na Europa, empregado normas francesas e suíças, ao desenvolver atividades profissionais no Brasil, logo verificou que não poderia aqui empregar tais normas satisfatòriamente. E salientou, então, o alcance, quer de ordem prática quer de cunho científico, de realizar-se em nosso país uma vasta investigação sôbre o assunto, ou, mais precisamente, de se fazerem vários levantamentos regionais, sobre que, oportunamente, se possam fundar normas de validade nacional.

Para comprovação da propriedade e exeqüibilidade desse conjunto de pesquisas, citou o trabalho em andamento no Serviço de Pesquisa e Ensino do ISOP, com aproveitamento de material por mais de cinco anos colhido no Estado da Guanabara. A duas coisas deveria visar esse trabalho: de uma parte, obter os elementos gráficos de um "atlas", isto é, resultados estatísticamente significativos quanto às localizações das figuras nas pranchas do Rorschach, e, de outra, resultados que, com igual base, permitissem a codificação das formas de expressão utilizadas pelas pessoas submetidas à prova, ou, afinal, um "dicionário".

As conclusões referentes a um e a outro desses aspectos, segundo amostra suficientemente numerosa de pessoas adultas e normais, dão a matéria que neste volume aparece devidamente ordenada. No rico acervo de protocolos recolhidos no ISOP, de 1961 a 1966, tomaram-se ao acaso 322, todos nas condições indicadas. Foram classificadas 4.324 respostas diferentes, por prancha e sua localização, dispostas depois por ordem alfabética, partindo-se para isso do sistema Ombredane-Canivet, adotado pela Associação Francesa do Rorschach, como esquema básico.

Numa breve, mas substanciosa introdução, são explicados os problemas de técnica estatística que teriam de ser levados em conta, bem como os de natureza propriamente clínica: critérios de avaliação, de descoberta da "figura no espaço", das formas "bem vistas", das respostas "banais" e "originais", por exemplo. O exame desses pontos permitirá aos interessados compreender os fundamentos da importante pesquisa e, afinal, a coerência e a consistência do modelo geral em que se apóia.

Nessa mesma introdução, não deixa Monique Augras de observar que algumas questões permanecem abertas, estando a pedir indagações particularizadas, ressalva essa que não só exprime a sua probidade científica como também o conhecimento apurado que possui das técnicas projetivas, em geral.

Por sua índole, essas técnicas visam a caracterizar todo o contexto da personalidade de cada examinado, ou, ao menos, sua maior parte, em oposição à concepção analítica da psicologia experimental dos primeiros tempos. Então, admitia-se que pudesse bastar o esquema clássico das ciências físico-químicas, consistente em estudar as modificações duma variável dependente em função de outra independente, submetida ao controle do experimentador. Certo que esse esquema mostra-se válido em amplos setores da pesquisa psicológica, mesmo em determinados aspectos de estudo da personalidade. Mas, no caso das provas projetivas, a variável a apreender é a estrutura mesma através de conteúdos dinâmicos, não controláveis pelo experimentador senão na medida em que apresente estímulos sucessivos de respostas não predeterminados, pois precisamente nessa variabilidade é que as provas projetivas se fundam.

PREFÁCIO

Historicamente, parece certo que as técnicas há mais de meio século ensaiadas por Hermann Rorschach demonstravam o desejo de associar recursos experimentais a certas concepções da psicanálise. Por sua vez, H. A. Murray, com o *Thematic Apperception Test*, deixou depois patente a intenção de associar conceitos de Gestalt às expressões do que chamou "pressões e necessidades conjuntas", ou, afinal, expressões dinâmicas simbólicas, que pudessem variar numa gama muito extensa. A evolução geral dos estudos sobre uma e outra dessas provas tem demonstrado certo retorno à atitude experimental, mas, segundo teorias da dinâmica da percepção, quando esta se dê em face de estímulos não precisamente definidos. Pela variedade das respostas que induzem, não se obterá uma simples variável, no sentido comum desse termo, mas "indicadores complexos", dados "clínicos", diversamente ligados a determinantes homoestáticas, esquemas de aprendizagem individual, ou outros, que de influências culturais resultem.

Como o presente volume, *Atlas e Dicionário*, permite notar, uma indicação dessas últimas aparece clara na variação entre respostas "banais", de um lado, e respostas "originais", de outro, segundo condições de ordem social, de delicada não, porém, impossível análise. Esse ponto, se outros existissem, demonstraria a utilidade de normas regionais do Rorschach e, tanto quanto isso seja possível, de padrões nacionais.

Deve-se dizer que, valiosas como realmente são, essas normas e padrões não chegam a esgotar os planos de estudo das técnicas projetivas. Essa questão não é tratada neste volume, pois que isso excederia de muito o seu objetivo. Mas, em outro trabalho de Monique Augras, *A Dimensão Simbólica*, também recentemente editado pela Fundação Getulio Vargas, aparece analisada a fundo. Nesse livro, a ilustrada autora estuda os conteúdos simbólicos na linguagem comum, na literatura, nas manifestações da arte em geral, nas religiões, nas mil e uma expressões do folclore, para então considerá-los nas provas projetivas.

O exame comparativo de alegorias e símbolos, ou a tarefa tão sedutora de uma teorização sobre seu teor sugestivo, há de pressupor, no entanto, uma base de comunicação denotativa, sem a qual os elementos de compreensão clínica acabarão por perder o seu real sentido. Ou será assim, ou não poderá existir mais sólido terreno sobre o qual se possa dar às técnicas projetivas certa ordem e sistema, necessários a qualquer espécie de conhecimento comunicável, algo que se possa ensinar e aprender.

O fato de Monique Augras ter-se preocupado com uma e outras dessas importantes questões torna-se uma garantia a mais da excelência de sua formação, e, assim, da orientação metodológica que a este *Atlas e Dicionário* imprimiu.

É de crer que os estudiosos das técnicas projetivas em nosso país recebam este volume com especial interesse e que, do material aqui ordenado, possam colher elementos para maior segurança do trabalho clínico que desenvolvam. Por outro lado, é de admitir que, no exame das bases e resultados aqui reunidos, venham a reconhecer a importância que as pesquisas da psicologia aplicada podem e devem representar no aprimoramento dos conceitos e modelos da construção teórica.

A Fundação Getulio Vargas e, em especial o ISOP, na pessoa de seu ilustre Diretor, Prof. Wedher Wanderley, merecem aplausos pelo desenvolvimento dessa orientação, presente é certo desde os trabalhos iniciais desse órgão, mas que ora se afirma e expande.

Lourenço Filho, 1968

INTRODUÇÃO

OBJETIVOS DA PESQUISA

Este trabalho representa a primeira etapa de uma pesquisa mais ampla, cujas bases lançamos nas I JORNADAS BRASILEIRAS DO PSICODIAGNÓSTICO DE RORSCHACH[1]. O que almejamos é construir um atlas de codificação do teste de Rorschach que seja válido para o conjunto do meio brasileiro. Tal elaboração supõe uma pesquisa demorada, com a construção de amostra correspondente a cada uma das grandes regiões do País, levantamento dos protocolos de cada um dos grupos assim determinados, elaboração de normas válidas para cada grupo, e, afinal, comparação estatística entre os resultados dos grupos, visando a verificar a homogeneidade dos mesmos, ou seja, a possibilidade de construir normas brasileiras gerais.

O presente trabalho situa-se na penúltima etapa, isto é, a elaboração de normas para um grupo determinado, no caso, o da Guanabara. Foi realizado pelo Serviço de Pesquisa e Ensino do Instituto de Seleção e Orientação Profissional, da Fundação Getulio Vargas. Entre os protocolos recolhidos durante 5 anos (de 1961 a 1966) foram selecionados, ao acaso, 322 protocolos de adultos normais, o que forneceu um acervo de mais de 8.000 respostas.

Essas respostas foram comprovadas de maneira a elaborar em seguida tabelas de freqüência, já publicadas[2]. A partir dessas tabelas, desenhamos mapas de localização (ver Parte II). Todas as respostas diferentes (4.324) que encontramos, por prancha e por localização, foram classificadas em ordem alfabética, com a codificação apropriada. Dessa forma, tentamos elaborar uma espécie de dicionário que, sem chegar às imponentes dimensões do *Index of Rorschach Responses*, que Thomas, Ross e Freed estabeleceram para a população dos Estados Unidos, tem contudo a ambição de representar o primeiro passo para, com a ampliação prevista desta pesquisa, realizar mais tarde uma obra semelhante no meio brasileiro.

As respostas foram codificadas pelo sistema de Ombredane-Canivet, adotado pela Associação Francesa do Rorschach e das Técnicas Projetivas.

---

[1] AUGRAS, Monique — Alguns problemas metodológicos do Teste de Rorschach no meio brasileiro. *In: Arquivos Brasileiros de Psicotécnica*, A. 19, n.º 1, 1967.

[2] Os detalhes a esse respeito, bem como os cálculos realizados, já foram publicados no artigo: Estudos para Construção de Padrões Brasileiros do Teste de Rorschach. *In: Arquivos Brasileiros de Psicotécnica*, A. 20, n.º 2, 1967.

Não existe ainda um sistema unitário no Brasil, havendo quem siga o sistema de Klopfer, de Beck ou de Bohm, quando não se trate de símbolos *sui generis*, obtidos a partir da combinação de dois ou mais desses sistemas[3].

Para melhor compreensão, damos a seguir a terminologia francesa que utilizamos.

QUADRO I

Terminologia utilizada na codificação das respostas

(Sistema de Ombredane e Canivet)

Siglas	Significação
R	Número total de respostas
G	resposta global, interpretando a totalidade da mancha (menos na prancha III onde se admite a omissão das manchas vermelhas).
DG	resposta global elaborada a partir de um detalhe grande.
DdG	resposta global elaborada a partir de um detalhe raro.
G	resposta global omitindo um detalhe mínimo.
Gbl	resposta global incluindo o branco intermacular.
D	detalhe grande, parte da prancha freqüentemente interpretada (critério estatístico).
DDbl	D incluindo o branco.
Dd	pequeno detalhe, fragmento raras vezes interpretado (critério estatístico).
DdDbl	pequeno detalhe incluindo o branco.
Dbl	detalhe branco intermacular.
Do	detalhe "oligofrênico", ou melhor, inibitório.
	Determinantes:
F	resposta de forma, determinada exclusivamente pela percepção do contorno da mancha.
F+	forma bem vista (critério estatístico).
F±	forma "indeterminada", correspondente a respostas cujo conteúdo, em si, é indeterminado (como por exemplo: nuvens, rochedos, fragmentos).
F—	forma mal vista (critério estatístico).
K	resposta "cinestésica", determinada pela percepção de uma figura humana viva e em movimento.
Kp	pequena cinestesia, determinada: 1) por uma forma humana, vista em movimento, localizada num Dd; 2) ou por uma parte do corpo humano, vista em movimento violento, localizada num D.
Kan	forma animal vista em movimento.
Kob	força da natureza, ou objeto visto em movimento.
FC	resposta determinada pela forma e, em segundo lugar, pela cor.
CF	resposta determinada pela cor, e, em segundo lugar, pela forma.
C	resposta determinada exclusivamente pela cor.
Cn	resposta de cor nomeada.
FE	resposta determinada pela forma, e, em segundo lugar, pelo esfumado.

[3] Ver Quadro IV, *Comparação das Codificações de Ombredane - Canivet, de Klopfer e de Beck.*

Siglas	Significação
FE(v)	resposta tridimensional, implicando perspectiva.
EF	resposta determinada pelo esfumado, e, em segundo lugar, pela forma.
E	resposta determinada exclusivamente pelo esfumado.
FClob	resposta determinada pela forma, e, em segundo lugar, pela impressão de mancha escura, com caráter disfórico.
ClobF	resposta determinada pela impressão de mancha escura e, em segundo lugar, pela forma.
Clob	resposta determinada exclusivamente pela impressão de massa escura, com caráter disfórico.
FC', C'F, C'	respostas tendo como determinante secundário ou principal, a cor preta da mancha (ou, a côr branca, tratando-se de Dbl).

	Conteúdos:
Elem.	um dos 4 elementos (ar, água, terra, fogo).
Frgm.	fragmento.
Geo	geografia, mapa.
Pl.	planta, árvore, flor.
Nat.	natureza, paisagem.
A	animal.
A — Cena	cena animal.
Ad	parte do corpo de um animal.
Anat.	anatomia, radiografia, osso, vísceras.
Sg.	sangue.
Sex.	sexo.
H	figura humana.
H — Cena	cena humana.
(H)	figura fantasiada, fantástica ou exótica.
Hd	parte do corpo humano.
Másc.	máscara.
Obj.	objeto fabricado.
Alim.	alimento.
Arte	quadro, desenho, escultura, instrumento musical.
(Arte)	quadro sem significação.
Arq.	arquitetúra, edifícios, fontes.
Simb.	símbolo.
Abstr.	abstração.

Ban	respostas banais ou populares (critério estatístico).

Vê-se que a codificação das respostas obedece a regras estritas, e que a classificação das localizações, dos determinantes e dos conteúdos aplica-se em qualquer meio ou grupo cultural. Há contudo 3 categorias que implicam uma determinação por critérios estatísticos: as respostas D e Dd, os determinantes F+ e F—, e os "conteúdos banais". Em outros termos, os limites dessas categorias de classificação podem variar de acordo com o grupo ou meio cultural.

É mister, portanto, examinar os critérios de classificação e, em seguida, aplicá-los à realidade do grupo aqui estudado.

O problema dos critérios.

Ao procurar critérios de avaliação para elaborar as normas de codificação, o pesquisador defronta-se com a maior diversidade de opiniões e conceitos. As distinções entre os tipos de localização (afora o G e o Dbl, que são óbvios), os limites de aceitação do F+ e até a determinação das Banalidades, são objeto de flutuações, conforme os diferentes autores e escolas. Alguns afirmam a necessidade de estabelecer critérios estatísticos seguros — nem sempre, porém, fornecendo os seus; outros rejeitam quase inteiramente os critérios estatísticos. Não parece sem valor expor essas opiniões a fim de verificar, se, desse confronto, pode-se obter alguma direção segura.

1. *A localização: D e Dd*

Para Hermann Rorschach, "os D são os detalhes que se impõem mais, por causa da distribuição das figuras no espaço. Podem ser definidos por processos estatísticos"[4]. Não chegou a especificar, entretanto, quais seriam esses processos.

Os seguidores de Rorschach procuraram encontrar limites de freqüência para distinguir o D do Dd. Löpfe, um dos primeiros, estabelece que cada parte da prancha cujas interpretações representam pelo menos 1/22 de todas as interpretações dadas nessa mancha é um D. Tal é o critério adotado, em seguida, por M. Loosli-Usteri[5], por C. Beizmann, e, entre nós, por Glória Quintela[6]. Beck, contudo, critica o que chama "a regra de 1/22": "está aberta à objeção óbvia de que a razão crítica não se aplica igualmente a substratos que oferecem condições perceptuais tão diferentes como as das 10 figuras do teste de Rorschach"[7]. Beck apóia-se nos trabalhos de R. Brown para mostrar que as percentagens críticas devem ser diferentes nas dez manchas. Lastimavelmente, esse autor não explica qual foi o critério de Brown. Consultando sua tabela de freqüência, vemos que a razão crítica oscila entre 2% e 3%. Mas, em determinadas pranchas, ela não está bem clara. Por exemplo, na prancha X, a freqüência do último D é de 3,7%, e a do primeiro Dd 3,6%. Será significativa uma diferença de 0,1%? Da mesma maneira, na prancha VI, a freqüência do último D é de 2,9% e a do primeiro Dd é de 2,5%. Será 0,4% discriminativo?[8]

Louise Bates Ames segue os critérios definidos por Hertz: "estabelecemos o número real de vezes em que os detalhes específicos foram selecio-

[4] RORSCHACH, Hermann — *Psychodiagnostic*. Paris, PUF, 1947, p. 30.

[5] LOOSLI-USTERI, Marguerite — *Le diagnostic individuel chez l'enfant au moyen du test de Rorschach*. Paris, Hermann & Cie, 1948.

[6] QUINTELA, Glória — Psicodiagnóstico de Rorschach. In: *Arquivos Brasileiros de Psicotécnica*, A. 7, n.ºs. 1, 2 e 3, 1955, p. 7-28, 75-112, 47-57.

[7] BECK, Samuel — *Rorschach's Test*. Nova Iorque, Grune & Stratton, 1944, p. 29.

[8] BECK, op. cit., p. 209.

nados para a interpretação e preparamos tabelas de freqüência. Todos os detalhes que se incluem no percentil 20 foram considerados normais, e os outros, detalhes raros"[9].

D. Anzieu assinala que outros autores preferem situar a razão crítica na freqüência de 1/24 (4,17%) em vez de 1/22 (4,55%), mas não se sabe ao certo por que motivo. "De fato", conclui Anzieu, "entre as listas de D publicadas em diversos países, nem todas se baseiam em cálculos estatísticos... Além do mais, o critério gestáltico da forma pregnante, que se impõe à percepção, é mais importante do que o critério estatístico cego"[10].

Bohm também critica a noção de definição estatística do D e do Dd, "porque quase todas as estatísticas até hoje disponíveis foram estabelecidas a partir de um material que não é representativo. Calculadas a partir de grandes massas, porém, poderiam ser muito úteis"[11]. E cita, como exemplo, os trabalhos de Brown, cuja tabela parece-nos tão discutível.

Klopfer permanece tão vago quanto o próprio Rorschach: "a resposta é classificada como D quando a pessoa utiliza uma área relativamente grande, facilmente separável do resto da prancha"[12]. Não especifica o que entende por "área relativamente grande".

Em conclusão, podemos repetir com Piotrowski, que bem resumiu o problema: "o critério dos D é puramente estatístico... Os autores das listas de D não especificaram o critério estatístico que usaram"[13] — ou, quando o fizeram, foi de maneira pouco convincente.

Enfrentamos, pois, o seguinte dilema: escolher uma das razões críticas acima definidas, ou procurar outra. Perante as dúvidas que nos assaltaram, preferimos tentar a segunda solução. Prosseguimos de maneira empírica: após a coleta dos dados, calculamos a freqüência de cada localização em relação ao número de respostas, em cada prancha[14]. Verificamos então o seguinte: destacam-se nitidamente dois grupos, um dos quais raras vezes ultrapassa a freqüência de 3%, enquanto o outro desce no mínimo até 4%. Esse limite de 4% está encontrado apenas em 3 pranchas, enquanto, nas outras, deparamos com diferenças de até 8,60 entre as freqüências mínimas (para o grupo dos D) e as freqüências máximas (para o grupo dos Dd). É somente na prancha X que as referidas freqüências são vizinhas (repetindo o fenômeno já visível nas tabelas de Brown). Propomos portanto escolher, por ora, a freqüência de 4%, ou seja, 1/25, como razão crítica. Não está muito afastada das razões crí-

[9] AMES, L. B. — *El Rorschach Infantil*. Buenos Aires, Paidos, 1961, p. 52.
[10] ANZIEU, Didier — *Los Métodos Proyectivos*. Buenos Aires, Kapelusz, 1962, p. 26.
[11] BOHM, Edward — *Manual del Psicodiagnóstico de Rorschach*. Madri, Morata, 1959.
[12] KLOPFER — *Técnica del Rorschach*. Buenos Aires, Paidos, 1966, p. 58.
[13] PIOTROWSKI, Zygmunt — *Perceptanalysis*. Nova Iorque Macmillan, 1957, p. 83.
[14] Ver o Apêndice no fim deste volume.

ticas geralmente admitidas (1/22 e 1/24), e tem para nós a vantagem de ter sido escolhida de maneira empírica, a partir de dados aos quais tivemos alcance, e mostrar-se adequada à nossa amostra.

É claro que, no decorrer da pesquisa, teremos de verificar se encontramos também a mesma razão crítica para os outros grupos. Adotamos a regra dos 1/25 de maneira provisória.[15]

Em conclusão, toda parte da prancha que tiver sido selecionada no mínimo uma vez em 25, será considerada como um D, classificando-se, portanto, como Dd toda parte da prancha que aparecer com freqüência inferior a 4%.

Há ainda um problema, que diz respeito aos D raros. Vários autores, entre os quais Beck, Klopfer e, aqui, Glória Quintela, consideram que um detalhe raro, *mesmo que inclua um D*, deve ser classificado como Dd. A nosso ver, o critério da freqüência, ou inversamente, da raridade, deve ser ponderado pela observação dos processos perceptivos implicados na elaboração de um detalhe raro e na escolha de um Dd.

"Os Dd têm um significado, seja intelectual ou afetivo, cuja unidade reside no espírito de meticulosidade", escreve Anzieu, acrescentando: "os Dd de conteúdo rico provêm de um pensamento capaz de analisar os pequenos detalhes (espírito agudo de observação, aplicação, perseverança). Os Dd numerosos, dispersos e pobres, indicam pobreza cultural, senão intelectual".[16]

Tal não acontece, porém, com o detalhe grande, raro. Geralmente, provém de um processo de elaboração, de aglutinação, diríamos, de vários elementos da prancha em torno de um centro que é sempre um D comum e normal, provocando muitas vezes respostas complexas, fim de um processo de análise e de síntese que, por assim dizer, hesita em chegar até à resposta global. Muitos detalhes raros assim construídos parecem bem mais próximos do G do que do Dd. Seu significado seria mais de inibição, mostrando que o processo de elaboração sintética foi de repente limitado, mutilado pela interferência de um engrama ligado a vivências traumáticas. Não é por acaso, acreditamos, que os detalhes raros são mais freqüentemente encontrados no grupo aqui estudado, na prancha IV, prancha de ansiedade, de Clob, da figura paterna ameaçadora.

Assim sendo, seguimos a opinião de Piotrowski: "uma percepção que cobre uma parte da mancha adjacente a uma área D, incluindo essa área, ou que combine duas ou mais D, pode ser descrita como uma versão rara de um detalhe normal ou grande, e pode ser designado pelas letras

---

[15] O leitor que puder consultar as tabelas de Brown (BECK, *op. cit.*, p. 209) verificará que a adoção da razão crítica de 1/25 praticamente se impõe à leitura dos resultados da nossa amostra, enquanto os grupos não são nitidamente separados na amostra de Brown. O número de respostas levantadas por este autor (7.661) é um pouco inferior ao nosso (8.078), mas não a ponto de explicar tamanha diferença na distribuição das freqüências relativas. Salienta-se, pois, a necessidade de verificar a viabilidade do nosso critério, estudando outros grupos.

[16] ANZIEU, *op. cit.*, p. 26.

Dr. Essas respostas pouco freqüentes podem ser tabuladas junto com os D".[17]

Nos cálculos estatísticos, os D raros foram tabulados cada um junto com o D de que derivam. No atlas, e no repertório das respostas, foram designados da seguinte maneira: D_1a, por exemplo, detalhe raro derivado de D_1; D_2a, D_2b, detalhes raros derivados de D_2, etc.

2. As formas bem vistas: F e F+

No caso da discriminação entre formas bem e mal vistas, encontramos a mesma diversidade de opiniões e de critérios. "Para excluir o mais possível as apreciações subjetivas, o único caminho era o da estatística", escrevia Rorschach,[18] que classificou como F+ as respostas "dadas mais freqüentemente por 100 pessoas normais". Lastimavelmente, contudo, não explicou o que entendia por "freqüentemente", e poucos foram os autores posteriores que precisaram qual devia ser a freqüência atribuída aos F+. Como no caso dos D, "oferecem-se dois critérios, o da freqüência estatística, e o gestaltista, das boas formas".[19] Certos autores recusam o primeiro, como faz E. Bohm: "Determinar as respostas exatamente em *todos* os casos por meios estatísticos é um erro que leva irremediavelmente a resultados falsos, já que resultados pouco freqüentes apresentam às vezes uma forma bem vista, enquanto (em parte por causa da grande difusão das neuroses) certas formas evidentemente mal vistas se apresentam às vezes com grande freqüência."[20] Como fugir então dos perigos da apreciação subjetiva? Seria necessário encontrar uma norma que levasse em conta ao mesmo tempo a frequência da resposta e o estilo perceptivo de cada caso, isto é, que combinasse, em qualquer hipótese, o critério gestáltico e o estatístico.

Margarida Hertz, classificando os F+ para um grupo de 300 adolescentes, considerou como boas todas as formas com uma freqüência de 13 ou mais de 13, o que nos dá uma razão crítica de 4,33%. L. Bates Ames, seguindo o método de Hertz, considera, no entanto, que as formas observadas em mais de 1/20 do grupo devem ser classificadas como F+. Nesse caso, a razão crítica é de 5,00%.

Beck escolheu uma lista de 157 pessoas, consideradas como normais, e julgou que as associações feitas no mínimo por 3 pessoas deviam ser classificadas como F+. Nesse caso, a razão crítica é de 1,91%. Glória Quintela seguiu o critério de Beck.[21]

Os demais autores, como Loosli-Usteri, Klopfer e Piotrowski, não se pronunciam a esse respeito. Aqueles que procuraram um critério esta-

---

[17] PIOTROWSKI, *op. cit.*, p. 84.
[18] RORSCHACH, *op. cit.*, p. 11.
[19] ANZIEU, *op. cit.*, p. 29.
[20] BOHM, *op. cit.*, p. 72.
[21] QUINTELA, *op. cit.*, p. 19.

tístico propõem-nos rações críticas que vão de 1,91% até 5%. Além do mais, a justificação teórica pouco aparece, ou não convence.

Acreditamos, contudo, que a solução desse problema deve ser procurada no estabelecimento de um critério que dê conta, ao mesmo tempo, do tipo de percepção e da freqüência da resposta. Calcular a freqüência da forma em relação ao número de protocolos parece discutível. A freqüência fica dependente em demasia das características do grupo. Dever-se-ia, talvez, calcular a freqüência em relação ao número de respostas, e não, de pessoas.

Encontramos novo problema: calcular a freqüência de uma resposta em relação ao número total de respostas dadas em determinada prancha deixa de lado as características gestálticas; calcular a freqüência da resposta em relação ao número total de respostas dadas em determinada localização tampouco dá conta da realidade: nesse caso, uma única resposta dada num Dd raro teria a freqüência de 100%, e deveria, *ipso facto*, ser considerada como boa forma, o que é, em si, uma contradição.

Sugerimos, portanto, avaliar a percentagem de F de acordo com o tipo de percepção, isto é, calcular a freqüência de determinada resposta em relação ao número total de respostas fornecidas no mesmo tipo de localização.

Numa prancha, por exemplo, a freqüência de uma resposta dada num G deverá ser avaliada em relação ao número total de respostas G dadas nessa mesma prancha. A resposta fornecida num D será comparada ao número total de respostas D, e a resposta dada num Dd, ao número total de respostas Dd.

Seguindo esse critério, verificamos, de maneira empírica, que a razão crítica se situava em 2%. Os F+ assim selecionados correspondem geralmente à nossa percepção comum, e até subjetiva. Nunca encontramos uma forma "obviamente mal vista", do ponto de vista gestáltico, que não alcançasse uma freqüência bem inferior a 2%. Dessa maneira conseguimos fugir, em grande parte, das objeções que faz Bohm aos critérios estatísticos.

Devemos, contudo, reconhecer que há um problema ainda em suspenso, o das formas bem vistas nas respostas Dbl. Tais respostas são muito raras: um total de 8.078 respostas, aparecem com uma freqüência de 2,01%. Em algumas pranchas, são raríssimas. É o caso, por exemplo, da prancha III, que apresenta apenas 0,23 de Dbl.

Por causa dessa raridade, as respostas assim dadas alcançam altas freqüências em relação ao total de Dbl. Isto significaria, permanecendo fiéis ao nosso critério, que a pessoa que interpreta os detalhes intermaculares, recusando assim a solicitação da mancha preta ou colorida, sentir-se-ia tão "chamada" pelo branco que sua resposta seria, evidentemente, bem vista? Nesse caso, o F+ atestaria a pregnância de determinada localização. Será, pelo contrário, que o nosso critério não se poderia estender a um caso implicando o jogo de processos perceptivos completamente diferentes daqueles que presidem à elaboração dos G, D e Dd?

Confessamos que, por ora, não encontramos uma solução satisfatória, No dicionário de respostas, que compõe a segunda parte do presente livro ver-se-á que várias respostas em Dbl são classificadas como F—. Na dúvida, seguimos a opinião de Bohm, o que não deixa de ser subjetivo.

Esperamos, contudo, que a ampliação desta pesquisa, com o levantamento e análise de outros grupos de protocolos, permitirá chegar a uma conclusão. Será preciso, também, testar o critério às formas vistas nos G, D e Dd, a fim de verificar se a razão crítica estabelecida a partir dêsse primeiro grupo pode ser generalizada.

3. *As respostas banais*

Para Hermann Rorschach, as respostas banais eram as que se repetiam uma vez em 3. Para Löpfe, e depois dele para a maioria dos seus sucessores, "classifica-se como "banalidade" toda interpretação global ou de detalhe que tenha sido dada por uma pessoa em 6".[22] É o caso de Loosli--Usteri, Hertz, L. B. Ames, Berzmann, Anzieu. Para Bohm, "a autêntica freqüência deve encontrar-se entre 1/3 e 1/6".[23] Piotrowski mantém a posição inicial de Rorschach, isto é, a razão crítica de 1/3.

Beck adota outro tipo de critério, determinando que a resposta banal deve, em primeiro lugar, ocorrer na freqüência mínima de 14% dentro do grupo de respostas; entre as respostas mais freqüentes assim definidas, são selecionadas as que aparecem 3 vezes ou mais do que a imediata resposta inferior. Vê-se que Beck calcula a freqüência em relação ao número de respostas, enquanto a maioria dos autores a calcula em relação ao número de pessoas. O resultado é que a lista de Beck é muito mais extensa que as dos demais autores.[24]

Aqui seguimos o critério de Löpfe, isto é, classificamos como banais as respostas dadas por uma pessoa em 6, no mínimo, ou seja, com uma freqüência mínima de 16,67%.

No que diz respeito às respostas "originais", que, para Rorschach, apareciam uma vez em 100, todos os autores estão de acôrdo: a aparição de tais respostas depende sobremaneira do grupo, da localidade, e até da época. É que, ao contrário dos demais componentes do protocolo, o conteúdo das respostas varia enormemente conforme as influências culturais.

Por isso, não julgamos necessário indicar no "dicionário" de respostas quais as que se poderia classificar como originais.

MONIQUE AUGRAS
Chefe do Serviço de Pesquisa e Ensino do ISOP

---

[22] LOOSLI-USTERI, M. — *Le diagnostic individuel chez l'enfant au moyen du test de Rorschach*. Paris, Hermann & Cie, 1948, p. 52.

[23] BOHM, *op. cit.*, p. 85.

[24] O leitor reportar-se-á ao livro de ANZIEU. *Los Métodos Proyectivos*, p. 48-49, em que estão comparadas as listas de banalidades de Rorschach, Loosli-Usteri, Beck, Klopfer e Ombredane-Canivet.

QUADRO II

Lista dos D

    I — Parte central.
        Cada uma das partes laterais.

   II — Cada uma das partes pretas.
        Vermelho superior.
        Vermelho inferior.

  III — Vermelho central.
        Vermelho lateral superior.
        Preto central (a "cesta").
        Cada uma das partes pretas laterais ("bonecos" sem a "cesta").

  IV — Cada uma das partes laterais inferiores ("botas").
        Parte central inferior.
        Parte central superior.
        Saliências laterais superiores.

   V — Os dois prolongamentos das "asas", ou apenas a mais larga.
        Parte central.

  VI — Parte principal inferior.
        A metade, direita ou esquerda, desta parte principal.
        Parte superior.
        Centro escuro da parte superior.

 VII — Dois terços superiores.
        Terço inferior.
        Terço superior.

VIII — Parte lateral cor-de-rosa.
        Parte alaranjada no centro inferior.
        Cinza superior.

  IX — Parte inferior côr-de-rosa.
        Parte superior alaranjada.
        Parte central verde.
        Figura intermacular central (pode ser considerado como Dbl também).
        Parte central superior alaranjada (as "garras").
        Parte *marron* no verde ("cabeça de veado").

   X — Parte azul lateral superior.
        Parte cor-de-rosa.
        Parte verde.
        Parte cinza superior, com ou sem o "mastro".
        Parte cinza lateral, com ou sem o amarelo.
        Parte amarela central.

INTRODUÇÃO XIX

QUADRO III
Lista de Banalidades

I	G	Morcego Borboleta Pássaro
II	G ou D negro D negro	Duas pessoas fantasiadas Dois animais
III	G D preto lateral	Duas pessoas Duas pessoas
IV	G	Pele de animal Pessoa fantasiada
V	G	Morcego Borboleta Pássaro
VI	G	Pele de animal
VII	D 2/3 superiores	Dois animais
VIII	G ou D rosa lateral	Dois animais
IX		Não há banalidade
X	D cinza superior D azul lateral	Dois animais Aranha Caranguejo

QUADRO IV

Comparação das Codificações de Ombredane-Canivet, de Klopfer e de Beck

Ombredane	Klopfer	Beck
R	R	R
G	W	W
DG	DW	DW
G	WX	—
Gbl	W, S	—
D	D	D
DDbl	D, S	—
Dd	dd	Dd
DdDbl	—	—
Dbl	S	DS
Do	—	Dds: pequeno Dbl Hdx, Adx
F+, F—, F±	F, F—	F+, F—
K	M	M
Kp	—	—
Kan	Fm	—
Kob	Fm, mF, m	
FC, CF, C	FC, CF, C	FC, CF, C
Cn	Cn	Cn
FE., EF, E	Fc, cF, c	FY, YF, Y
	FK, KF, K	FV, VF, V
	Fk, kF, k	
FClob, Clob F, Clob		
FC', C'F, C'	FC', C'F, C'	

SUMÁRIO

Prefácio.. V

Introdução... IX

Atlas de Localização e Dicionário das Respostas Encontradas..... 3

Prancha I.. 5

Prancha II... 27

Prancha III.. 49

Prancha IV.. 67

Prancha V... 87

Prancha VI.. 101

Prancha VII... 123

Prancha VIII.. 143

Prancha IX.. 165

Prancha X... 191

TESTE DE RORSCHACH:
ATLAS E DICIONÁRIO

ATLAS DE LOCALIZAÇÃO E DICIONÁRIO DAS RESPOSTAS ENCONTRADAS

> Para o técnico experimentado, nossa advertência é supérflua, mas o estudante e o principiante devem prevenir-se contra a tendência a usar este manual para codificar as respostas de maneira rígida e mecânica.
>
> Leonard Small
> *Rorschach Location and Scoring Manual*

PRANCHA I

G

ABDÔMEN,
    com a coluna vertebral e ramificações. G   F—   Anat.

ABELHA,   G   F+   A   Ban
    voando.   G   Kan   A   Ban

ÁGUIA,   G   F+   A   Ban
    de asas abertas, parada,   G   F+   A   Ban
    só o busto, com as asas,   G   F+   Ad
    voando.   G   Kan   A   Ban
    Símbolo de uma águia.   G   F+   Simb.   Ban

ALGA,
    marinha.   G   F±   PL

AMEBA,
    ou bactéria.   G   F±   A

ÂNCORA   G   F—   Obj.

ANIMAL,
    qualquer,   G   F±   A
    com asas,   G   F+   A   Ban
    pré-histórico,   G   F±   A
    de grande porte,   G   F±   A
    refletindo-se na água,   G   F+   A
    2 animais simétricos.   G   F+   A

ANIMAL,
    Cara, Cabeça de
    (incluindo o branco, que representa os
    olhos e a boca).   Gbl   F+   Ad
    (V. BICHO).

ANJO,
    de asas abertas,   G   K   (H)
    2 anjos,   G   K   (H)
    asas de anjo.   G   F+   (Hd)

ANÕES,
    2, lutando.   G   K   (H)

ARANHA, G F— A
    pelas garras, DG F— A
    perigosa, G F— A
    caranguejeira, sobretudo
    pela cor, G FC' A
    debaixo da teia. DG F— A

ARBUSTO, G F± Pl

ARRAIA, G F— A

ARTE MODERNA, G F± (Arte)
    pintura surrealista, G F± (Arte)
    sem significação. G F± (Arte)

AVE, G F+ A Ban
    voando, G Kan A Ban
    preparando-se para levantar vôo, G F+ A Ban
    de rapina, G F+ A Ban
    empalhada, G F+ A Ban
    refletindo-se na água, G FE(v) A
    uma porção de aves voando, G Kan A
    duas asas de ave. G F+ Ad
    (V. também PÁSSARO).

AVIÃO,
    no solo, visto de cima, G F+ Obj.
    voando, G Kob Obj.
    modelo antigo de aeroplano em vôo G Kob Obj.

BACIA,
    humana. G F+ Anat.
    (V. também OSSO.)

BARATA. G F— A

BARRANCO. G FE(v) Nat.

BESOURO. G F+ A

BICHO, G F± A
    de asas, parado, G F+ A
    voando, G Kan A
    lendário, fantástico, G F± (A)
    apavorante, G FClob (A)
    pré-histórico G F± A
    –papão, G FClob (A)
    de filme de terror, G FClob (A)
    de desenho animado, G F± (A)
    visto no espelho, G F+ A
    2 bichos – p. ex: galos
    trepados num tronco. G F+ A
    (V. também ANIMAL.)

BORBOLETA
    pousada,   G   F+   A   Ban
    aberta,   G   F+   A   Ban
    na parede (sendo a parede representada pelo branco),   Gbl   F+   A   Ban
    voando,   G   Kan   A   Ban
    morta, esfiapada, estraçalhada,   G   F+   A   Ban
    em decomposição,   G   F+   A   Ban
    uma aparência de borboleta.   G   F+   A   Ban
    (V. também MARIPOSA.)

BORRÃO,
    de tinta (V. MANCHA.)

BRASÃO,
    (V. EMBLEMA.)

BRUXA,
    voando, com asas,   G   K   (H)
    duas bruxas em volta de um caldeirão.   G   K   (H)

BURROS,
    2 burros comendo grama.   G   Kan   A

CACHORRO,
    refletido num lago,   G   FE(v)   A
    cara de cachorro (o branco representando os olhos).   Gbl   F+   Ad

CAPACETE,
(V)   romano,   G   F+   Obj.
    de guerra.   G   F+   Obj.

CARANGUEJO,
    por causa das garras.   DG   F—   A
    (V. também SIRI).

CASTELO,   G   F—   Arq.
    de areia, ou de gelo.   G   EF   Arq.

CAVEIRA,
    de boi.   G   F—   Anat.

CAVERNA,
    interior, cheio de pedras.   G   FE   Nat.

CHAFARIZ
(V)   G   F—   Arq.

COGUMELO,   G   F±   Pl
    silvestre, pela forma e pela consistência.   G   FE   Pl

COLEÓPTERO.   G   F+   A

COLUNA VERTEBRAL.   G   F—   Anat.

COROA.   G   F+   Simb.
(V)

CORPO ESPACIAL,
    projetado numa tela de radar.   Gbl   F±   Frgm.

COSTELAS.   G   F—   Anat.

COURO,
    de animal, espichado,   G   F+   Ad
    com pêlos.   G   FE   Ad
    (V. também PELE).

CRIANÇAS,
    duas crianças puxando alguma coisa.   G   K   H

DEMÔNIO,
    com asas pretas, voando.   G   K   (H)

DISTINTIVO,
    da aeronáutica.   G   F+   Simb.

ELMO,   G   F+   Obj.

EMBLEMA,
    da aeronáutica,   G   F+   Simb.
    de uma águia,   G   F+   Simb.
    japonês.   G   F±   Simb.
    (V. também SÍMBOLO, ESCUDO.)

ENFEITE,
(V)   qualquer,   G   F±   Arte.
    de Carnaval, ornamento de rua (incluindo o branco).   Gbl   F±   Arte

ESCARAVELHO,   G   ˆF±   A
    voando.   G   Kan   A

ESCUDO,   G   F+   Simb.
    das legiões Romanas.   G   F+   Simb.
    (V. também EMBLEMA E SÍMBOLO.)

ESCULTURA,
    de metal.   G   EF   Arte.

ESTÁTUA,
    representado um corpo de mulher alado
    da Vitória de Samotrácia.   G   F+   Arte.

                                                               G   F+   Arte.

PRANCHA I

ESQUELETO,   G   F±   Anat.
    carcaça de um animal,   G   F±   Anat.
    de um animal já desgastado pelo tempo,   G   F±   Anat.
    humano,   G   F—   Anat.
    da caixa toráxica humana.   G   F—   Anat.

FECHADURA,
    de portão.   G   F—   Obj.

FIGURA,
    super-humana, prestes a voar.   G   K   (H)

FLOR,   G   F±   Pl.
    seca, guardada num livro, gasta pelo
    tempo.   G   FE   Pl.

FOLHA,   G   F±   Pl.
    seca.   G   FE   Pl.

FÓSSIL,   G   F±   (A)
    com sombreado.   G   FE   (A)

GATO,
    cara de   Gbl   F+   Ad
    (o branco representa os olhos.)

GAVIÃO   G   F+   A   Ban
    (V. também ÁGUIA).

GIGANTE,
    gordo, visto de costas, a sombra dele.   G   FC'   (H)

GRAMA.
    com roupa secando (o branco represen-
    tando a roupa).   Gbl   F±   Nat.

HOMEM,
    fazendo ginástica,   G   K   H
    com duas asas, voando,   G   K   (H)
    sem cabeça, com a capa voando,   G   K   (H)
    numa mesa, com duas toalhas na mão,   G   K   H
    na mesa, com duas pessoas que vão ti-
    rá-lo de lá, ajudando-o para sair.   G   K   H   Cena

HOMENS,
    2, com capuz tipo KKK, segurando um siri enorme para pô-lo num caldeirão.   G   K   H — Cena

ILHA,
    com água (o branco) em torno.   Gbl   F±   Geo

ILÍACO.   G   F+   Anat.
    (V. também BACIA e OSSO.)

INSETO,   G   F+   A   Ban
    voando,   G   F+   A   Ban
    com asas estraçalhadas.   G   F+   A   Ban

JOANINHA.   G   F+   A

LAGARTA,
    na metamorfose.   G   F+   A

LAMA,   G   F±   Frgm.
    poça de lama.   G   EF   Frgm.

LÂMINA,
    de laboratório, pela transparência.   G   EF   Anat.

MANCHA, (ou borrão)   G   F±   Frgm.
    de tinta,   G   F±   Frgm.
    simétrica,   G   F±   Frgm.
    manchas,   G   F±   Frgm.
    caída no papel branco,   Gbl   F±   Frgm.
    pela cor preta,   G   C'F   Frgm.
    de tinta jogada por uma criança.   G   F±   Frgm.

MAPA,   G   F±   Geo
    simétrico   G   F±   Geo
    de relevo,   G   FE   Geo
    de relevo, com lagos no centro (branco),   Gbl   FE   Geo
    de Brasília, plano-piloto,   G   F−   Arq.
    tirado em aerofotometria,   Gbl   FE   Geo
    — gráfico do oceano na parte da praia, o sombreado dá idéia da parte mais profunda do mar, o branco dá os rochedos.   Gbl   FE   Geo

MARIPOSA,
    pousada,   G   F+   A   Ban
    voando,   G   Kan   A   Ban
    (V. também BORBOLETA.)

MÁSCARA,
	G	F+	Másc.
de comédia,	G	F+	Másc.
de índio,	G	F+	Másc.
de animal, de gato,	G	F+	Másc.
de morcego,	G	F+	Másc.
de carnaval,	G	F+	Másc.
com chifres, meio demoníaca,	G	F+	Másc.
de terror.	G	FClob	Másc.

MEDO,
representação abstrata do.	G	Clob	Abstr.

MONSTRO,
cabeça, com os dentes (branco) para fora.	Gbl	F+	(Ad)

MONTANHAS.
G	F±	Nat.

MORCEGO,
	G	F+	A	Ban
pousado, a cor influindo,	G	FC'	A	Ban
empalhado, morto, estatelado,	G	F+	A	Ban
voando,	G	Kan	A	Ban
silhueta de morcego em vôo,	G	Kan	A	Ban
sombra de um morcego,	G	FC'	A	Ban
parado no teto, olhando para baixo,	G	F+	A	Ban
animal de filme de terror,	G	FClob	A	Ban
sem cabeça,	G	F+	A	
esqueleto de um morcego,	G	F+	Anat.	
rosto de morcego,	G	F+	Ad.	
(sem as pontas laterais).	G	F+	A	

MORCEGOS,
2, morcegos, estáticos,	G	F+	A
3, superpostos.	G	F+	A

MULHER,
voando,	G	K	(H)	
fantasiada no carnaval,	G	K	(H)	
fugindo de uma fogueira,	G	K	H	
corpo de mulher sem cabeça, ladeado por 2 seres.	G	K	H	— Cena

MULHERES,
2, dançando,	G	K	H	— Cena
juntas, de braços levantados, com véu ao vento.	G	K	H	— Cena

NOZ,
 partida e quebrada,
 pela tonalidade.   Gbl   FE   Alim.

NUVEM,   G   F±   Frgm.
 formação de nuvens anunciando
 chuva,   G   EF   Frgm.
 no céu,   Gbl   F±   Frgm.
 cúmulo-nimbo, por causa do formato
 de bigorna.   G   F±   Frgm.

ONÇA,
 cabeça.   Gbl   F+   Ad

ÓRGÃO,
 do corpo humano.   G   F±   Anat.

OSSO,
 do corpo humano,   G   F±   Anat.
 do tronco,   G   F±   Anat.
 da cabeça,   G   F±   Anat.
 pubiano, ilíaco,   G   F+   Anat.
 vértebra,   G   F—   Anat.
 da bacia,   G   F+   Anat.
 esfenóide,   G   F+   Anat.
 etmóide,   G   F—   Anat.
 occipital,   G   F—   Anat.
 fragmento de osso.   G   F±   Anat.

OSSOS,
 da bacia.   G   F±   Anat.

PAISAGEM,
 com árvores.   G   FE   Nat.

PAPAGAIO, PIPA.   G   F+   Obj.

PAPAI NOEL,
 no meio de um saco de presentes.   G   K   (H)

PARTES GENITAIS,
 da mulher.   G   F—   Sexo

PÁSSARO,   G   F+   A   Ban
 de asas abertas,   G   F+   A   Ban
 parado,   G   F+   A   Ban
 de grande porte,   G   F+   A   Ban
 voando,   G   Kan   A   Ban
 pré-histórico, voando,   G   Kan   A   Ban

PRANCHA I

(inverso)
    sombra de 1 pássaro.   G   FC'   A   Ban

PÁSSAROS,
    2,   G   Kan   A — Cena
    de bico aberto tentando bicar alguma coisa,
    luta de pássaros.   G   Kan   A — Cena

PAVOR,
    expressão de.   G   Clob   Abstr.

PEDRA,   G   F±   Frgm.
    pela tonalidade, principalmente.   G   EF   Frgm.

PEIXE.   G   F—   A

PELE,
    couro   G   F—   Ad
    de bicho, com pêlos,   G   FE   Ad
    de um felino,   G   F—   Ad
    de boi.   G   F—   Ad

PENACHO,
    com impressão de plumas.   G   FE   Obj.

PESSOA,
    disfarçada,   G   K   (H)
    no Municipal, fantasiada de vampiro,   G   K   (H)
    fantasiada de morcego,   G   K   (H)
    de costas, com asas, ameaçando, parecendo mais um vampiro,   G   K   (H)
    fazendo um ritual.   G   K   (H)

PESSOAS,
    2   G   K   H
    com espécie de asas nas costas.   G   K   (H)

PIA BATISMAL,
    com duas figuras de anjo segurando outros menores (incluindo o branco).   Gbl   F±   Simb.

PINTURA MODERNA,   G   F±   (Arte)
    representado uma tempestade pelas tonalidades.   G   EF   Arte

PULMÃO.   G   F—   Anat.

RADIOGRAFIA,
pala transparência,	G	EF	Anat.
de alguma parte do corpo humano,	G	EF	Anat.
da coluna vertebral,	G	FE	Anat.
da bacia,	G	FE	Anat.
do osso ilíaco,	G	FE	Anat.
da vértebra,	G	FE	Anat.
de costelas,	G	FE	Anat.
óssea,	G	EF	Anat.
de morcego.	G	FE	Anat.

RAIOS X
de pulmão.	G	FE	Anat.

RAPÔSA,
cara de.	Gbl	F+	Ad

ROCHA,
	G	F±	Frgm.
por causa da textura,	G	EF	Frgm.
refletida na água, à beira de um lago.	G	FE(v)	Nat.

SERRA,
quebrada.	G	F—	Obj.

SÍMBOLO,
	G	F±	Simb.
da aviação,	G	F+	Simb.
antigo.	G	F±	Simb.

SINO,
carrilhão de igreja,	G	F—	Obj.
de uma igreja em ruínas.	G	FE	Arq.

TECIDO,
anatômico, estragado.	G	EF	Anat.

TEMPLO,
(inverso)
da Índia, com cúpula	G	F—	Arq.
oriental em forma de cabeça humana.	G	F—	Arq.

TUCANO,
à esquerda, a sombra dele à direita.	G	FC'	A

TOURO,
cabeça, enfurecido.	Gbl	F+	Ad

URSO,	Gbl	F+	Ad
VÉRTEBRA.	G	F—	Anat.
VESPA.	G	F+	A

D 1

ANJO.	D	K	(H)
ARANHA.	D	F—	A
ÁRVORE.	D	F—	Pl
BACIA	D	F—	Anat.
BARATA.	D	F+	A
BESOURO.	D	F+	A
BICHO.	D	F±	A
BRUXA, fazendo alguma feitiçaria.	D	K	(H)
CARANGUEJO.	D	F—	A
COLEÓPTERO.	D	F+	A
COLUNA VERTEBRAL.	D	F—	Anat.
COSTELAS	D	F—	Anat.
CRIATURA, sobrenatural.	D	K	(H)
DANÇARINA HINDU.	D	K	(H)
ESCARAVELHO.	D	F+	A
ESTÁTUA HINDU.	D	F+	(H)
FANTASMA, de mão para cima.	D	K	(H)
HOMENS, 2, com capuz levantado, como aquelas figuras da Idade Média, Robin Hood.	D	K	(H)
MACACO.	D	F+	A

MONSTRO
    (humano) com garras.   D   K   (H)

MORCEGO.   D   F—   A

MULHER,   D   K   H
    silhueta com os braços para cima,   D   K   H
    pedindo piedade,   D   K   H
    fazendo uma prece,   D   K   H
    ajoelhada com as mãos para cima,   D   K   H
    sem cabeça.   D   F+   H

MULHERES,
    2, com as mãos para cima.   D   K   H

PADRE,
    rezando a missa.   D   K   H

PELE,
    de animal.   D   F—   Ad

PESSOA,   D   K   H
    de costas,   D   K   H
    duas pessoas, gesticulando.   D   K   H

RÃ.   D   F—   A

TÓRAX.   D   F—   Anat.

VAGINA.   D   F—   Anat.

VÉRTEBRA.   D   F—   Anat.

VESTIMENTA.
    feminina.   D   F—   Vest.

D 1a

ÁGUIA,   D   F+   A
    voando,   D   Kan   A
    americana, num pedestal.   D   F+   Simb.

MORCEGO   D   F+   A
    voando.   D   Kan   A

NUVEM,
    formação.   D   FE   Frgm.

PLANTA,
    de Brasília.   D   F—   Geo

PRANCHA I

D 1b

BACIA,
    ilíaco,   D   F+   Anat.
    osso da bacia,   D   F+   Anat.
    radiografia,   D   FE   Anat.
    esqueleto da bacia, com sacro e cócix.   D   F+   Anat.

CACHORRO,
    cara.   D   F+   Ad

CARANGUEJO,   D   F+   A

ESQUELETO,
    parte.   D   F±   Anat.

GATO.   D   F+   A

MORCEGO.   D   F+   A

NAVIO.   D   F—   Obj.

PULMÕES,   D   F+   Anat.
    chapa de RX de pulmões.   D   FE   Anat.

RADIOGRAFIA,   D   EF   Anat.
    de algum osso do corpo humano.   D   FE   Anat.

SIRI.   D   F+   A

TÓRAX,   D   F+   Anat.
    incluindo o branco.   DDbl   F+   Anat.

D 1c

ARRAIA,   D   F—   A
    pulando no mar.   D   Kan   A

BACIA,
    ilíaco.   D   F+   Anat.

BESOURO,   D   F+   A
    voando.   D   Kan   A

BORBOLETA,   D   F+   A
    voando.   D   Kan   A

CARETA,
(incluindo o branco).   DDbl   F—   (Hd)

ELMO.   D   F—   Obj.

MORCEGO.   D   F+   A

OSSOS,
    do corpo humano.   D   F±   Anat.

TÓRAX,   D   F+   Anat.
    radiografia.   D   FE   Anat.

D 2

ÁGUIA,
    com cabeça de gente, dos 2 lados.   D   F+   (A)

ANJOS,
    de frente um para o outro,   D   K   (H)
    de Natal.   D   K   (H)

AVES,
    2   D   F+   A
    de cerâmica.   D   F+   Arte

BRUXOS,
    2, com roupa esvoaçando.   D   K   (H)

CACHORROS,
    2,   D   F+   A
    pelo pêlo.   D   FE   A

CAMELOS,
    2.   D   F+   A

CARNEIROS,
    2.   D   F+   A

CASTELO,
    sombrio, cheio de figuras tenebrosas.   D   FClob   Arq.

CAVALHEIROS,
    medievais, cumprimentando-se.   D   K   (H)

CAVALOS,
    alados, 2.   D   F+   (A)

CAVALOS MARINHOS,
    2.   D   F—   A

CENTAUROS,
    2.   D   F+   (H)

ESTÁTUAS,
    2. assírias, destruídas.   D   F±   Arte.

ICEBERG.   D   F±   Nat.
    (>)

JAVALIS,
    2.   D   F+   A

LOBOS,
    2.   D   F+   A

MAPA   D   F±   Geo

PRANCHA I

MONTANHAS,
    cadeia de.   D   F±   Geo

NUVEM,   D   F±   Frgm.
    pelas nuanças.   D   EF   Frgm.

PESSOA,
    de perfil,   D   F+   Hd
    no espelho,   D   F+   Hd
    chutando algo,   D   K   H
    2, separando-se de um mesmo ponto,
    com braços esticados.   D   K   H

PORCOS,
    2.   D   F+   A

SERES,
    irreais, providos de asas.   D   K   (H)

URSOS POLARES,
    2.   D   F+   A

Dd 1

CARANGUEJO,   Dd   F+   A
    bicho com garras e casca grossa.   Dd   F+   A

SAPO.   Dd   F—   A

SIRI.   Dd   F+   A

Dd 1a

ÁGUIA,   Dd   F+   A
    voando de asas abertas.   Dd   Kan   A

AVE,   Dd   F+   A
    a sombra.   Dd   FC'   A

BIGORNA.   Dd   F—   Obj.

BORBOLETA,   Dd   F+   A
    voando.   Dd   Kan   A

MARIPOSA.   Dd   F+   A

MORCEGO,   Dd   F+   A
    voando,   Dd   Kan   A
    ou vampiro,   Dd   F+   (A)
    asas de morcego.   Dd   F+   Ad

PLANO-PILOTO
    de cidade.   Dd   F—   Arq.

Dd 2

COLUNA,
    vertebral,   Dd   F+   Anat.
    espinha dorsal.   Dd   F+   Anat.

CORPO HUMANO.   Dd   F+   H

CRIANÇA,
    em pé, de pés juntos.   Dd   F+   H

ESCARAVELHO.   Dd   F—   A

ESCORPIÃO.   Dd   F—   A

HOMEM,
    com as mãos para cima.   Dd   F+   H

MULHER,
    de costas,   Dd   F+   H
    corpo de mulher de costas.   Dd   F+   H

PESSOAS,
    2, fantasiadas.   Dd   F+   H

Dd 3

ASAS,
    2.   Dd   F+   Ad

BICHO,
    estranho, bicudinho.   Dd   F+   A

CABEÇA,
    de animal, 2 cabeças,   Dd   F+   Ad
    de cachorro,   Dd   F+   Ad
    de cão policial,   Dd   F+   Ad
    de lobo,   Dd   F+   Ad
    de urso.   Dd   F+   Ad

GALOS,
    de briga, 2.   Dd   F+   A

MORCEGO.   Dd   F—   A

PESSOAS,
    2, de nariz grande, caricatura.   Dd   F—   Hd

Dd 4

CABEÇA,
    de animal   Dd   F—   Ad

CARANGUEJO.   Dd   F—   A

PRANCHA I

CORPO HUMANO, 1 – parte.	Dd	F±	Hd
JACARÉ	Dd	F—	A
SINO	Dd	F+	Obj.

Dd 4a

ÁGUIA. (V)	Dd	F—	A
CARA HUMANA.	Dd	F—	Hd
ESQUELETO.	Dd	F—	Anat.

Dd 5

ASAS.	Do	F+	Ad
BICOS, de pássaros.	Do	F+	Ad
FOICE.	Dd	F—	Obj.
ILHA.	Dd	F±	Geo
LONTRAS, 2.	Dd	F—	A
MONTANHAS.	Dd	F±	Geo
NUVEM,	Dd	F±	Frgm.
por causa da tonalidade.	Dd	EF	Frgm.
ROCHA.	Dd	F±	Frgm.

Dd 6

GARRAS,			
de algum animal,	Do	F+	Ad
de caranguejo,	Do	F+	Ad
de crustáceo,	Do	F+	Ad
de siri.	Do	F+	Ad
MÃOS,			
pequenas,	Do	F+	Hd
erguidas,	Do	F+	Hd
clamando aos céus.	Do	F+	Hd
OSSOS,			
do corpo humano,	Dd	F±	Anat.
da coluna vertebral.	Dd	F—	Anat.
PASSARINHOS,	Dd	F+	A
dentro de um ninho, esperando a mãe.	Dd	F+	A

Dd 7

CABEÇA HUMANA,
    perfil,   Dd   F+   Hd
    de mulher,   Dd   F+   Hd
    de anjo, de mapa antigo.   Dd   F+   (Hd)

CACHORRO,
    cabeça.   Dd   F—   Ad

PEIXE.   Dd   F—   A

Dd 8

CABEÇA,
    de animal,   Dd   F+   Ad
    de cachorro,   Dd   F+   Ad
    de camelo,   Dd   F+   Ad
    de dinossauro,   Dd   F+   Ad
    de macaco.   Dd   F+   Ad

COGUMELO ATÔMICO.   Dd   F—   Frgm.

ESFERA,
    de bronze, decorativa.   Dd   F—   Arq.

Dd 9

ANIMAL,
    qualquer.   Dd   F±   A

ÁRVORES,
    pelas nuanças.   Dd   EF   Pl

CACHORRINHO.   Dd   F+   A

MAPA,
    litoral.   Dd   F±   Geo

NUVENS,
    muito sombreado.   Dd   EF   Frgm.

ROCHA,
    sombreado.   Dd   EF   Frgm.

Dd 10

CABEÇA,
    de inseto.   Dd   F+   Ad

GARGANTA.   Dd   F—   Anat.

MORROS.   Dd   F+   Nat.

RODAS,
    de um avião.   Dd   F—   Obj.

Dd11

JARRO.	Dd	F—	O
PERNAS HUMANAS.	Do	F+	Hd

Dd 12

SEIOS, de mulher.	Dd	F—	Hd

Dd 13

CACHORRO, cabeça.	Dd	F—	Ad
CÓCCIX.	Dd	F—	Anat.

Dd 14

MAPA, litoral com ilhas.	Dd	F±	Geo

Dd 15

ASAS, de morcego.	Dd	F—	Ad

Dd 16

GAIVOTA, cabeça.	Dd	F—	Ad

Dd 17

OVO.	Dd	F—	ôvo

Dbl 1

BACIA, ilíaco.	Dbl	F+	Anat.

Dbl 2

MAPA, litoral.	Dbl	F±	Geo

Dbl 3

FIGURA GEOMÉTRICA.	Dbl	F+	Simb.

PRANCHA II

G

ABELHA,
    (incluindo o branco central).   Gbl   F+   A

ANÕES,
    2.   G   K   (H)   Ban

ANIMAL,
    em frente ao espelho.   G   F+   A

ANIMAIS,
    2, de história da Carochinha.   G   F+   (A)   Ban

ARTE MODERNA,
    pintura moderna,   G   CF   (Arte)
    guache de Manabu Mabe.   G   CF   Arte

AVES,
    2, lutando.   G   Kan   A

BACIA.   G   F—   Anat.

BESOURO,
    com desenho branco nas costas.   Gbl   FC   A

BICHO,
    amassado pela cor que lembra sangue,   G   FC   Anat.
    morto, sangrando.   G   CF   Anat.   Sg

BICHOS,
    2, estranhos,   G   F±   A
    2 bichinhos brincando.   G   Kan   A

BOMBA,
    atômica explodindo.   G   Kob   Frgm.

BONECOS,
    2.   G   F+   (H)   Ban

BORBOLETA, | G | F+ | A
   colorida, | G | FC | A
   em cima de uma flor, | G | FC | A
   voando, | G | Kan | A
   asas. | G | F+ | Ad

BORRÃO,
   (V. MANCHA.)

BRUXOS,
   2 | G | K | (H) | Ban
   em cima de um rochedo. | G | K | (H) — Cena

CACHORROS,
   2 | G | F+ | A
   beijando-se, | G | Kan | A
   1 cachorro refletindo-se na água. | G | F+ | A

CENA,
   sangrenta. | G | CF | Sg — Cena

CHAFARIZ,
   esculpido, com água caindo (o branco sendo a água). | Gbl | Kob | Arq.

COELHOS,
   2. | G | F+ | A

CORPO HUMANO,
   parte, | G | F± | Hd
   pelas cores, interior do corpo. | G | CF | Anat.

COURO,
   de animal, pele, | G | F+ | Ad
   manchado de sangue logo depois de tirado. | G | CF | Anat. — Sg

CRIANÇA,
   com cachorro, projetando a sua sombra na parede. | G | K | H — Cena

CRIANÇAS,
   2, brincando. | G | K | H | Ban

DANÇA, | G | K | Abstr.
   de baile de máscaras, | G | K | (H) — Cena
   de 2 anões imitando marrecos. | G | K | (H) | Ban

DANÇARINOS,
   2 | G | K | H | Ban
   folclóricos. | G | K | H | Ban

DESASTRE,			
de carro, manchas de sangue e carros sem forma.	G	C	Sg
ESPAÇONAVE,			
do futuro, em movimento.	G	Kob	Obj.
FANTASMA.	G	K	(H)
FERIDA.	G	CF	Sg

FIGURAS HUMANAS,
2

idênticas, presas uma à outra,	G	F+	H	Ban
brigando,	G	K	H	Ban
bricando de bater com os joelhos e com as mãos,	G	K	H	Ban
lendárias, chocando-se.	G	K	(H)	Ban

GARGANTA,

por causa das amígdalas (em cima) e da cor.	DG	FC	Anat.

GATO,

focinho, cara (incluindo o branco central).	Gbl	F+	Ad

GATOS,

2, de mãos juntas.	G	F+	A

GRUTA,

entrada (incluindo o branco central).	Gbl	FE(v)	Nat.

GUERRA.	G	C	Abstr.

HOMENS,
2

olhando um para o outro de mãos dadas,	G	K	H	Ban
acocorados no chão com as mãos juntas,	G	K	H	Ban
agasalhados, estão pulando e batendo palmas,	G	K	H	Ban
barbados,	G	K	H	Ban
bêbedos,	G	K	H	Ban
vestidos de Papai-Noel, sentados numa mesa de bar, conversando e bebendo.	G	K	H-Cena	Ban

ÍDOLO,

imagem, colorido.	G	FC	Simb.

INSETO, | G | F+ | A
    amassado, a coloração, | G | CF | Anat.
    morto, a coloração. | G | CF | A

LAGO,
    paisagem com lago, | Gbl | F+ | Nat.
    no interior de uma caverna, | Gbl | FC | Nat.
    com montanhas do lado e um deserto
    na frente e atrás (no vermelho). | Gbl | CF | Nat.

LÂMINA,
    de laboratório, com sangue. | G | CF | Sg

LEÃO,
    um de cada lado. | G | F+ | A

MACACOS,
    2, batendo as mãos, | G | Kan | A | Ban
    com as mãos amarradas, presos, enfurecidos, querendo libertar-se. | G | Kan | A-Cena | Ban

MANCHA,
    Borrão, | G | CF | Frgm.
    de tinta de duas cores, | G | CF | Frgm.
    casual, refletida. | G | CF | Frgm.

MÁSCARA,
    de Carnaval. | G | FC | Másc.

MASCARADOS,
    2, dançando, vestidos de urso. | G | K | (H) | Ban

MONSTRO,
    cara (monstro humano). | Gbl | F+ | Hd

MONSTROS,
    2, olhando-se. | G | K | (H)

MULHER,
    no espelho. | G | K | H

MULHERES,
    2, frente à frente conversando. | G | K | H-Cena | Ban

NAMORO,
    em buate. | G | K | Cena

OPERAÇÃO. | G | CF | Sg

ÓRGÃO,
    do nosso corpo, colorido. | G | CF | Anat.

OSSO,
    de galinha. | G | F− | Anat.

OSTRA,
aberta, com o bichinho lá dentro ainda, as pontas vermelhas são as extremidades das válvulas. — Gbl FC A

PALHAÇOS,
2,
dançando com as mãos juntas, — G K (H) Ban
batendo mãos de maneira amistosa, — G K (H) Ban
brincando. — G K (H) Ban

PATOS,
2. — G F+ A

PELE,
de animal. — G F— Ad

PESSOA,
sentada, vista de baixo, — G K— H
cara de pessoa, — Gbl F+ Hd
de óculos, — Gbl F+ Hd
de boca aberta. — Gbl F+ Hd

PESSOAS,
2
juntas, — G K H Ban
dando a mão uma para a outra, vistas de costas, como se fosse uma festa de carnaval, — G K H Ban
dançando fantasiadas, com roupas pretas e vermelhas. — G K (H) Ban
dançando de frente de um fogo, — G K H-Cena Ban
fantasiadas de capa de urso, — G K (H) Ban
num brinde com as mãos levantadas, — G K H Ban
chocando-se, de chinelo na mão, — G K H Ban
rezando, — G K H Ban
encostando a mão, — G K H Ban
combatendo uma dança, unidos pelos pés. — G K H Ban

PINTURA,
pré-histórica, uma caverna. — G FC Arte

PÔR-DO-SOL,
com montanhas, — G CF Nat.
nuvem com sol poente. — G CF Nat.

PULMÕES.
G F— Anat.

REGIÃO,
pantanosa, tendo no centro uma região arenosa. — G CF Nat.

RIM.   G   F—   Anat.

SANGUE,   G   C   Sg
    poça de sangue,   G   CF   Sg
    mancha de sangue num tapete,   G   CF   Sg
    hemorragia.   G   C   Sg

SEXO,
    feminino, com sangue.   G   CF   Sg — Sexo

TECIDO,
    fragmento colorido.   G   CF   Frgm.

TINTAS.   G   C   Frgm.

TÓRAX,
    radiografia.   G   F—   Anat.

URSOS,
    2   G   F+   A   Ban
    dançando,   G   Kan   A   Ban
    lutando,   G   Kan   A   Ban
    malabaristas.   G   Kan   A   Ban

ÚTERO,   G   F—   Sexo
    slide colorido.   G   CF   Sexo

VACA,
    partida ao meio.   G   F—   Ad

VULCÃO,
    visto de cima,   Gbl   F+   Nat.
    em erupção,   Gbl   Kob   Nat.
    corte lateral, em erupção.   Gbl   Kob   Nat.

D 1

ANIMAIS,
    2   D   F+   A   Ban
    marinhos, pela cor também.   D   FC   A

APARELHO,
    geniturinário,
    (incluindo o branco central),   DDbl   F—   Anat.
    respiratório.   D   F—   Anat.

ARANHA.   D   F—   A

ARRAIA
    (incluindo o branco).   DDbl   F—   A

ASSOMBRAÇÕES,
    2, dançando.   D   K   (H)

AVE, PÁSSARO,		D	F+	A
voando,		D	Kan	A
dissecada,		D	F+	Anat.
amassada, com o bico esmagado,		D	F+	Anat.
sombra de algum pássaro.		D	F+	A
BACIA,				
ilíaco.		D	F+	Anat.
BORBOLETA,		D	F+	A
mariposa,		D	F+	A
colorida, com mancha branca nas costas,		DDbl	FC	A
voando,		D	Kan	A
amassada.		D	F+	A
CABEÇA,				
de pato (incluindo o branco),		DDbl	F—	Ad
de lobo, (" ")		DDbl	F—	Ad
de roedor,		D	F—	Ad
de urso.		D	F—	Ad
CABRA,				
agachada, uma de cada lado.		D	F+	A	Ban
CACHORROS,				
2, cachorrinhos,		D	F+	A	Ban
um de frente para o outro,		D	F+	A	Ban
saindo sangue das patas deles,		D	FC	A	Ban
peludinhos,		D	FE	A	Ban
segurando um objeto com o focinho,		D	F+	A	Ban
acariciando-se,		D	Kan	A	Ban
beijando-se,		D	Kan	A	Ban
brincando.		D	Kan	A	Ban
CARA,				
humana, de boca aberta (o branco central).		DDbl	F—	Hd
CARNEIRINHOS,				
2, peludinhos.		D	FE	A	Ban
CASACO,				
de astracã.		D	EF	Obj.
COELHOS,				
2, em pé.		D	F+	A	Ban
DESENHO,				
biológico.		D	F±	Anat.

ELEFANTES,
    2,   D   F+ A   Ban
    com trombas juntas,   D   F+ A   Ban
    olhando um para o outro.   D   F+ A   Ban

FIGURA,
    representando a revolução com uma coroa cônica, em fundo negro com manchas vermelhas (incluindo o branco central).   DDbl FC   Abstr.

FOCAS,
    2, amarradas pelo rabo.   D   F+   A   Ban

FOGUETE,
    em movimento, em chamas, (incluindo o branco central).   DDbl Kob   Obj.   Fogo

GALOS,
    2, de briga.   D   Kan   A   Ban

GARGANTA,
    a cor ajudou.   D   FC   Anat.

GRUTA,
    caverna, túnel, (incluindo o branco),   DDbl FE   Nat.
    entrada,   DDbl FE   Nat.
    saída.   DDbl FE   Nat.

ILHA.   D   F±   Geo

INSETO.   D   F+   A

LAGO,
    com paisagem (incluindo o branco),   DDbl F+   Nat.
    de cratera,   DDbl F+   Nat.
    poça d'água com sangradouro,   DDbl F+   Nat.
    no interior de uma ilha,   DDbl F+   Nat.
    entre montanhas.   DDbl FE(v) Nat.

MAPA.   D   F±   Geo

MÁSCARA,
    colorida.   D   FC   Másc.

MORCEGO,   D   F—   A
    voando,   DDbl Kan   A
    amassado.   D   F—   A

MULHER,
    corpo, dos quadris para baixo,   D   F—   Hd

PRANCHA II

MULHERES,
    2, como se fossem voar,   D   K   (H)
    ídolos.

NARIZ,
    achatado (incluindo o branco).   DDbl   F—   Hd

NUVENS,
    coloridas.   D   CF   Nat.

ÓRGÃO,   D   F±   Anat.
    radiografia.   D   EF   Anat.

OSSO.   D   F±   Anat.

OSTRA,
    pelas estrias, (incluindo o branco).   DDbl   FE   A

OVELHAS,
    2.   D   F+   A   Ban

PALHAÇOS,
    2.   D   K   (H)

PEDRA,
    uma paisagem,   D   F±   Nat.
    fenda numa rocha.   D   F±   Nat.

PELE,
    de animal.   D   F—   Ad

PULMÕES,   D   F—   Anat.
    radiografia,   D   EF   Anat.
    a cor ajudou.   D   FC   Anat.

RADIOGRAFIA.   D   EF   Anat.

RATOS,
    2,   D   F+   A   Ban

RESES,
    2, presas pela perna.   D   F+   A   Ban

RINOCERONTES,
    2.   D   F+   A   Ban

RINS.   D   F—   Anat.

SIRI.   D   F—   A

TÓRAX.   D   F—   Anat.

TRONCO,
    de madeira seca, queimada (pela cor).   D   FC'   Frgm.

URSOS,
2, ursinhos,	D	F+	A	Ban
negros,	D	FC'	A	Ban
de focinhos encostados,	D	F+	A	Ban
brincando,	D	Kan	A	Ban
cheirando alguma coisa,	D	F+	A	Ban
beijando-se,	D	Kan	A	Ban
lutando (o vermelho debaixo, dá uma impressão de violência).	D	Kan	A	Ban

VÉRTEBRA.
	D	F—	Anat.

VULCÃO,
(incluindo o branco),	DDbl	F+	Nat.
com explosão.	DDbl	Kob	Nat.

D 2

BACIA,
humana.	D	F—	Anat.

BEZERROS,
2, bezerrinhos.	D	F+	A	Ban

BICHOS,
2, quaisquer,	D	F+	A	Ban
segurando um alicate.	D	F+	A	Ban

BÚFALO,
(>) um de cada lado.	D	F+	A	Ban

CACHORROS, CÃES,
2, cachorrinhos	D	F+	A	Ban
boxers, de focinho a focinho,	D	F+	A	Ban
pretos e marrons,	D	FC'	A	Ban
segurando um objeto com o focinho,	D	F+	A	Ban
peludinhos,	D	FE	A	Ban
de costas um para o outro,	D	F+	A	Ban
de frente um ao outro,	D	F+	A	Ban
de cabeça virada,	D	F+	A	Ban
brincando,	D	Kan	A	Ban
beijando-se,	D	Kan	A	Ban
olhando-se,	D	F+	A	Ban
rindo,	D	F+	A	Ban
só o busto.	D	F+	Ad	

CARNEIROS,
2	D	F+	A	Ban
dirigindo-se para o mesmo objetivo,	D	Kan	A	Ban
só o busto.	D	F+	Ad	

PRANCHA II

COELHOS,				
(>) 2	D	F+	A	Ban
correndo para o lado.	D	Kan	A	Ban
DRAGÕES,				
2.	D	F+	(A)	
ELEFANTES,				
2, elefantinhos.	D	F+	A	Ban
ESCULTURA,				
antiga.	D	F±	Arte	
ESFINGES,				
2.	D	F+	Simb.	
ESQUELETO,				
de um animal pré-histórico.	D	F—	Anat.	
FOCAS,				
2.	D	F+	A	Ban
GATOS,				
2.	D	F+	A	Ban
GORILAS,				
2	D	F+	A	Ban
defrontando-se,	D	F+	A	Ban
segurando uma tocha,	D	F+	A	Ban
lutando.	D	Kan	A	Ban
MACACOS,				
2.	D	F+	A	Ban
MAPA,				
dos Estados Unidos.	D	F—	Geo	
OSSO.	D	F±	Anat.	
PÁSSARO,				
voando, um de cada lado.	D	Kan	A	
PESSOAS,				
2, segurando uma taça,	D	K	H	Ban
sem cabeça.	D	F+	H	
PORQUINHOS,				
da Índia, 2.	D	F+	A	Ban
TATU,				
um de cada lado.	D	F+	A	Ban
TERNEIROS,				
2.	D	F+	A	Ban

URSO,
    olhando-se no espelho,   D   F+   A   Ban
    em cima do gelo, refletido.   D   FE   A   —   Cena

URSINHOS,
    2   D   F+   A   Ban
    pretinhos,   D   FC'   A   Ban
    peludinhos,   D   FE   A   Ban
    brincando,   D   Kan   A   Ban
    beijando-se,   D   Kan   A   Ban
    abraçando-se,   D   Kan   A   Ban
    mamando   D   Kan   A   Ban
    faltando a cabeça.   D   F+   Ad

URSOS,
  (>)   2   D   F+   A   Ban
    peludos,   D   FE   A   Ban
    dançando,   D   Kan   A   Ban
    correndo,   D   Kan   A   Ban
    só o busto.   D   F+   Ad

D 2a

DESASTRE,
    aéreo, um avião que caiu e explodiu,
    havendo manchas de sangue.   D   CF   Frgm.   —   Sg

ESQUELETO,
    parte do tórax.   D   F—   Anat.

PESSOAS,
    2, fantasiadas,   D   K   H   Ban
    escondidas atrás de uma pedra.   D   K   H   —   Cena

D 3

ÁGUIAS,
    2.   D   F+   A

AMEBA.   D   F±   A

ANÕES,
    2, trabalhando.   D   K   (H)

AVES,
    2, pousadas.   D   F+   A

BICHOS,
    2.   D   F+   A

BONEQUINHAS,
    andando, uma de cada lado.   D   K   (H)

PRANCHA II

BORBOLETA,	D	F—	A
asas de.	D	F—	Ad
BORRÕES,			
2.	D	CF	Frgm.
BOTA.	D	F+	Obj.
CABEÇA,			
de camelo,	D	F+	Ad
de lagartixa,	D	F+	Ad
de pato,	D	F+	Ad
de veado,	D	F+	Ad
de zebra.	D	F+	Ad
CHAPÉU,	D	F+	Obj.
vermelho.	D	FC	Obj.
COBRAS,			
2.	D	F—	A
DEDOS POLEGARES,			
2	D	F+	Hd
mãos segurando alguma coisa.	D	F+	Hd
ESFINGE.	D	F+	Simb.
ESQUILO,			
um de cada lado.	D	F+	A
FOCAS,			
2.	D	F+	A
FOGUEIRA.	D	C	Fogo
GARGANTA,			
humana, o interior,	D	CF	Anat.
(incluindo o branco intermediário).	DDbl	F—	Anat.
GAVIÕES,			
um de cada lado.	D	F+	A
LAGARTOS,			
2.	D	F+	A
LARINGE,			
(incluindo o branco intermediário).	DDbl	F—	Anat.
MEIAS,			
um par de.	D	F+	Obj.

ÓRGÃO, | | D | F± | Anat.
    pelo colorido. | | D | CF | Anat.

PÁSSAROS,
    2 | D | F+ | A
    brigando, | D | Kan | A
    cardeal, por causa da cor. | D | CF | A

PÉS,
(V)   de bailarina, | D | F+ | Hd
    deformados, | D | F+ | Hd
    com sapato, | D | F+ | Hd
    calçado com uma meia rasgada. | D | F+ | Hd

PULMÕES, | D | F— | Anat.
    a cor ajudando. | D | FC | Anat.

RINS,
    2. | D | F— | Anat.

ROSTOS,
(V)   de pessoa, | D | F+ | Hd
    enfaixados, pela cor também, | D | FC | Hd
    de perfil, com bigode e barba compridos. | D | F+ | Hd

D 4

ANTENAS,
    de TV, vistas por trás de uma vegetação. | D | F— | Arq.

ARACNÍDEO. | D | F— | A

BORBOLETA,
    ou mariposa, | D | F+ | A
    aberta, | D | F+ | A
    fechada, | D | F+ | A
    com asas abertas, | D | F+ | A
    mumificada num mostruário, | D | F+ | A
    colorida, | D | FC | A
    asas de borboleta, coloridas. | D | FC | Ad

BORRÃO,
    de duas cores. | D | CF | Frgm.

CARANGUEJO. | D | F+ | A

CONCHA. | D | F+ | A

CORAÇÃO. | D | FC | Anat.

CORPO,
    parte, em raios X. | D | EF | Anat.

PRANCHA II

EXPLOSÃO.	D	Kob	Frgm.
FLOR, colorida.	D	FC	Pl
FOGUEIRA.	D	C	Fogo
FOGUETE, soltando fogo, em movimento (incluindo o branco central).	DDbl	Kob	Obj. — Fogo
GROSELHA, refresco que esparramou no chão.	D	CF	Alim.
LAGOSTA,	D	F+	A
a cor ajudando,	D	FC	A
cabeça de lagosta, colorida.	D	FC	Ad
LAMPIÃO, soltando um jato de fogo, (incluindo o branco central).	DDbl	Kob	Obj. — Fogo
MINERAL, amostra de, pelo colorido.	D	CF	Frgm.
ÓRGÃO, qualquer,	D	F±	Anat.
pelo vermelho.	D	CF	Anat.
PEIXE, de grande profundidade.	D	F+	A
PLANTA, colorida.	D	CF	Pl
RINS.	D	F—	Anat.
SANGUE, gotas de,	D	C	Sg.
algo sangrando,	D	CF	Sg.
mancha,	D	CF	Sg.
ferimento, com espirros de sangue.	D	CF	Sg.
SEXO, feminino, órgão genital,	D	F—	Sexo
pela cor vermelha.	D	CF	Sexo
SOL, nascente.	D	CF	Nat.
VULCÃO, explodindo.	D	Kob	Nat.

D 4a

SANGUE, | D | C | Sg.
    gotas, | D | C | Sg.
    manchas. | D | CF | Sg.

Dd 1

ALICATE,
    ponta.   Dd   F+   Obj.

CANETA,
    ponta.   Dd   F+   Obj.

CHINELO.   Dd   F—   Obj.

CHINÊS,
    busto,   Dd   F+   Hd
    estátua de.   Dd   F+   (Hd)

DENTE.   Dd   F—   Ad

ENFEITE.   Dd   F±   Arte

FALO.   Dd   F—   Sexo

FLECHA,
    seta.   Dd   F+   Obj.

MÃOS,
    juntas,   Dd   F+   Hd
    rezando.   Dd   F+   Hd

OBTURADOR,
    de dente.   Dd   F+   Obj.

PATA,
    de animal.   Dd   F+   Ad

TAÇA.   Dd   F—   Obj.

TORRE.   Dd   F+   Arq.

Dd 2

CABEÇA,
    de bicho,   Dd   F+   Ad
    de cachorro,   Dd   F+   Ad
    de camelo,   Dd   F+   Ad
    de galo,   Dd   F+   Ad
    de leão.   Dd   F+   Ad

MAPA,
 litoral.   Dd   F±   Geo

MONTANHAS,
 serra.   Dd   F±   Geo

PERFIL,
 humano.   Dd   F+   Hd

Dd 3

ANTENAS,
 de baratas,   Do   F+   Ad
 de besouro,   Do   F+   Ad
 de camarão (a cor **ajudou**).   Do   FC   Ad

CANETA,
 a pena.   Dd   F—   Obj.

CHIFRES,
 de unicórnio.   Dd   F+   (Ad)

ESTALACTITE.   Dd   F±   Frgm.

ISTMO.   Dd   F±   Geo

Dd4

CABEÇA,
 de criança,   Dd   F+   Hd
 de índio,   Dd   F+   Hd
 de ovelha,   Dd   F+   Hd
 de ser pré-histórico,   Dd   F+   Hd
 com a boca aberta,
 de macaco.   Dd   F+   Ad

MONTES,
 2.   Dd   F±   Geo

Dd 5

CABEÇAS,
 de bicho,   Do   F+   Ad
 de cachorros,   Do   F+   Ad
 de burrinhos.   Do   F+   Ad

CORPO,
 meio corpo de uma **pessoa**.   Dd   F—   Hd

Dd 6

DEDO,
    apontando,   Do   F+   Hd
    polegar.   Do   F+   Hd
CAPUZINHO.   Do   F+   Obj.

Dd 7

CABEÇA,
    de coelho,   Do   F+   Ad
    de réptil.   Do   F+   Ad
VERMES.   Dd   F—   A

Dd 8

COELHINHOS,
    2.   Dd   F—   A

Dd 9

CARA,
    de um bruxo.   Dd   F—   Ad

Dbl 1

ARRAIA.   Dbl   F+   A
AVIÃO,
    supersônico,   Dbl   F+   Obj.
    voando.   Dbl   Kob   Obj.
BARRACA,
    de praia.   Dbl   F+   Obj.
BOMBA,
    atômica, o cogumelo.   Dbl   F+   Frgm
CASA,
    esboço.   Dbl   F—   Arq.
FOGUETE.   Dbl   F+   Obj.
GRUTA,
    caverna,   Dbl   F+   Nat.
    a entrada.   Dbl   FE(v)   Nat.

ILHA,
    vulcânica.   Dbl   F±   Geo

LAGOA.   Dbl   F±   Nat.

LAMPIÃO,   Dbl   F+   Obj.
    difundindo luz.   Dbl   FC'   Obj.

MAPA,   Dbl   F±   Geo
    do Brasil.   Dbl   F—   Geo

ÓRGÃO,
    genital feminino   Dbl   F+   Sexo

PIÃO,   Dbl   F+   Obj.
    rodando.   Dbl   Kob   Obj.

Dbl 2

COLUNA VERTEBRAL.   Dbl   F—   Anat.

PATAS,
    traseiras de um animal.   Dbl   F+   Ad

PÉS,
    2.   Dbl   F+   Hd

Dbl 3

CABEÇA,
    com bico, de pato.   Dbl   F+   Ad

PRANCHA III

G

ABELHA,
(incluindo o branco central). Gbl F+ A

ABUTRES, 2 G F+ A
dilacerando algum pedaço de carne
putrefata. G Kan A — Cena

ANIMAL,
qualquer G F± A
querendo pegar a borboleta. G Kan A

ANIMAIZINHOS,
dançando balé, G Kan (A)
numa ceia com lampiões (o vermelho
lateral). G FC Cena
(V. BICHINHOS)

ARANHA,
(incluindo o branco central) Gbl F+ A

ÁRVORES,
2 G F— Pl
simétricas, G F— Pl
troncos de árvores, G F— Pl
quebradas, G F± Frgm.
(V) sem folhas, G F— Pl
folhas caídas de uma árvore, (incluin-
as manchas vermelhas). G FC Pl

BACIA,
ilíaco, G F+ Anat.
ossos da bacia, G F+ Anat.
em radiografia, G FE Anat.
com os rins (vermelho central), apa-
recendo colorido. G FC Anat.

BARATA,
(incluindo o branco). Gbl F+ A

BESOURO G F+ A

BICHINHOS,
    2 brincando,   G   Kan   A
    fantasiados, segurando uma cesta.   G   F+   (A)

BOMBA,
    corte transversal,   G   F—   Obj.
    explodindo.   G   Kob   Frgm.

BONECOS,
    2, marionetes.   G   F+   (H)   Ban

BORBOLETA.   G   F—   A

CABEÇA,
    de cigarra,   G   F+   Ad
    de mosca (com patas anteriores),   G   F+   Ad
(V)   de mosca (idem),   G   F+   Ad
    de múmia.   G   F—   Hd

CALEIDOSCÓPIO   G   CF   Obj.

CARA,
    de gato, (incluindo o branco),   Gbl   F—   Ad
    de um tigre,   Gbl   F—   Ad
    de um monstro.   Gbl   F—   (Ad)

CARANGUEJO, SIRI,   G   F+   A
(V)   caranguejo,   G   F+   A
    siri assustado.   G   Kan   A

CARICATURA,
    de duas pessoas,   G   F+   H   Ban
    do Zé Carioca (um de cada lado),   G   F+   (H)   Ban
    de pessoa com corpo de gente e cabeça
    de ave, (um de cada lado).   G   F+   (H)   Ban

CAVALO,
    o focinho (incluindo o branco).   Gbl   F—   Ad

CENA,
    de lavagem de roupa.   G   K   Cena   Ban

CÓCCIX.   G   F—   Anat.

CORPO,
    de mulher.   G   F—   H

CORPO HUMANO,
    partes soltas.   G   F—   Anat.

DANÇA,   G   K   Cena   Ban
    de um quadro de balé,   G   K   Cena   Ban
    de candomblé,   G   K   Cena   Ban
    coreografia de carnaval.   G   K   Cena   Ban

DANÇARINOS,
    2, bailarinos,   G   K   H   Ban
    com objeto qualquer na mão.   G   K   H   Ban

DESENHO,
    infantil (em cores),   G   CF   (Arte)
    de propaganda para aparelhos eletrodomésticos.   G   FC   Arte

ESQUELETO,
    de animal.   G   F—   Anat.

FIGURA MITOLÓGICA,
(V)   G   F+   (H)

FIGURAS HUMANAS,   G   F+   H   Ban
    num jogo,   G   K   H   Ban
    carregando um balde,   G   K   H   Ban
    palestrando numa mesa,   G   K   H   Ban
    muito esquisitas,   G   F+   (H)   Ban
    refletidas num lago, com jogo de luzes (incluindo o branco e o vermelho).   Gbl   FC   H   Ban

GALINHAS,
    2, de desenho animado, cozinhando.   G   K   (A)   Ban

GORILA,
(V)   o busto.   G   F+   Ad

HOMEM,
    de frente ao espelho.   G   K   H   Ban

HOMENS,
    2, cavalheiros; com algo na mão,   G   K   H   Ban
    palhaços,   G   K   H   Ban
    jogando boliche,   G   K   H   Ban
    tocando instrumento de percussão,   G   K   H   Ban
    disputando algo,   G   K   H   Ban
    ajudando-se a carregar um cesto,   G   K   H   Ban
    tentando levar um peso,   G   K   H   Ban
    cumprimentando-se,   G   K   H   Ban
    um contra o outro,   G   K   H   Ban
    com saco na mão,   G   K   H   Ban
    colocando alguma coisa no fogo,   G   K   H   Ban
    com balaio,   G   K   H   Ban
    puxando um caranguejo,   G   K   H   Ban
    puxando um esqueleto, de boi,   G   K   H   Ban
    vestidos à moda antiga, fazendo uma mesura um para o outro, com plumas vermelhas no chapéu,   G   K   H   Ban
    fantasiados de cow-boy,   G   K   (H)   Ban
    cozinheiros fazendo churrasco,   G   K   H   Ban

garimpeiros,	G	K	H	Ban
lutadores,	G	K	H	Ban
jogadores, disputando uma bola de futebol,	G	K	H	Ban
mordomos,	G	K	H	Ban
garções com bandeja.	G	K	H	Ban

HOMEM;
(V)	busto de.	G	F+	Hd	
	com mãos para o alto,	G	F+	Hd	
	de tamanho descomunal,	G	F+	Hd	
	escafandrista, por causa da máscara,	G	F+	Hd	
	visto em radiografia,	G	FE	Anat.	

HOMENS,
		G	K	H	
(V)	sombra de 2 negros, de costas,	G	FC'	H	

ÍNDIAS,
2, dançando,	G	K	(H)	Ban
cozinhando.	G	K	(H)	Ban

ÍNDIOS,
2, numa festa,	G	K	(H)	Ban
com fogueira no meio (o vermelho central),	G	K	Cena	Ban
fazendo comida.	G	K	(H)	Ban

INSETO,
(V)	com duas garras,	G	F	A	
	nocivo, atacando.	G	Kan	A	

MACACOS,
2, brincando com uma borboleta.	G	Kan	A	— Cena

MÁGICO,
(V)	frente a uma bola de cristal (o busto).	G	F+	(Hd)	

MANCHA,
refletida.	G	F±	Frgm.	

MOSCA,
cabeça.	G	F+	Ad	

MONSTRO,
(V)	com braços para cima (busto),	G	F+	(Hd)	
	máscara de monstro.	G	F+	Másc.	

MONTANHAS,   G   F±   Nat.

MENINAS,
2, garotas brincando de currupio,	G	K	H	Ban
patinando no gelo,	G	K	Cena	Ban
segurando uma cesta.	G	K	H	Ban

PRANCHA III

MENINOS,
    2, brincando.   G   K   H   Ban
MULHER,
    refletida num espelho.   G   K   H   Ban
MULHERES,

2, moças	G	K	H	Ban
segurando um saco, uma bolsa,	G	K	H	Ban
com carrinho de criança,	G	K	H	Ban
com sapatos altos,	G	K	H	Ban
mexendo uma panela,	G	K	H	Ban
recurvadas,	G	K	H	Ban
numa cozinha,	G	K	H	Ban
apanhando um peso,	G	K	H	Ban
numa loja em liquidação fazendo disputa de uma mercadoria,	G	K	H	Ban
trabalhando num pilão,	G	K	H	Ban
cuidando de uma criança,	G	K	H	Ban
conversando,	G	K	H	Ban
carregando um embrulho,	G	K	H	Ban
empregadas, fazendo comida,	G	K	H	Ban
de calça comprida dançando,	G	K	H	Ban
com saia levada pelo vento,	G	K	H	Ban
mexendo num aquário.	G	K	H	Ban

NEGRAS,

2, crioulas	G	K	(H)	Ban
dançando, segurando um pote de barro,	G	K	(H)	Ban
conversando,	G	K	(H)	Ban
pegando uma borboleta gigante (o vermelho central),	G	K	(H)	Ban
segurando uma ave,	G	K	(H)	Ban
disputando um jarro,	G	K	(H)	Ban
batendo tambor,	G	K	(H)	Ban
cozinhando num caldeirão,	G	K	(H)	Ban
batendo no pilão.	G	K	(H)	Ban

NEGROS,

2, africanos	G	K	(H)	Ban
numa dança folclórica,	G	K	(H)	Ban
dançando em frente a um pote onde estão assando um europeu,	G	K	Cena	Ban
batendo atabaque,	G	K	(H)	Ban
canibais assando algo,	G	K	(H)	Ban
num ritual,	G	K	H	Ban
perto de um fogareiro.	G	K	(H)	Ban

NEVE,
    Blocos.   Gbl   C'F   Frgm.

ÓRGÃO,
do corpo humano,	G	F±	Anat
pelo colorido.	G	CF	Anat.

OSSOS,
da coluna vertebral.	G	F—	Anat.

PAISAGEM,
(V)
estrada, duas árvores ao fundo (incluindo o branco),	Gbl	FE(v)	Nat.
entrada de um bosque,	Gbl	FE(v)	Nat.
jardim com árvores e um portão na entrada.	Gbl	FE(v)	Nat.

PELE,
de animal.	G	F—	Ad

PESSOAS,
2
girando vertiginosamente,	G	K	H	Ban
dançando,	G	K	H	Ban
fazendo algum trabalho em cooperação,	G	K	H	Ban
estendendo as mãos,	G	K	H	Ban
apanhando algum objeto,	G	K	H	Ban
tocando um tambor,	G	K	H	Ban
inclinadas,	G	K	H	Ban
abaixadas, pegando algo,	G	K	H	Ban
com bolsa na mão,	G	K	H	Ban
frente a frente,	G	K	H	Ban
apanhando água,	G	K	H	Ban
discutindo,	G	K	H	Ban
segurando alguma coisa,	G	K	H	Ban
segurando um cesto de flores,	G	K	H	Ban
puxando uma caveira,	G	K	H	Ban
puxando uma corda cada uma numa extremidade,	G	K	H	Ban
lavando roupa,	G	K	H	Ban
cumprimentando-se, tirando o chapéu,	G	K	H	Ban
servindo à mesa,	G	K	H	Ban
agachadas, aquecendo aos mãos ao fogo,	G	K	H	Ban
fazendo uma fogueira,	G	K	H	Ban
numa atitude agressiva,	G	K	H	Ban
embrulhando dois pacotes,	G	K	H	Ban
mexendo num tanque,	G	K	H	Ban
apanhando qualquer coisa no chão,	G	K	H	Ban
equilibrando-se,	G	K	H	Ban
carregando um balde,	G	K	H	Ban
querendo pegar uma borboleta (o vermelho central), para colocá-la numa cesta.	G	K	Cena	Ban

PRANCHA III

RÃ, (V)	G	F—	A
SAPO,	G	F—	A
pulando.	G	Kan	A
SMOKING,			
peito de camisa, com gravata borboleta.	Gbl	FC	Vest.
TANQUE.	G	F—	Obj.
TÓRAX	G	F—	Anat.
VASO,	Gbl	F—	Obj.
com desenhos pretos e vermelhos.	Gbl	FC	Obj.

D 1

BORBOLETA,	D	F+	A
colorida,	D	FC	A
voando.	D	Kan	A
CACHORRO,	D	F—	A
peludinho.	D	FE	A
CAPACETE,	D	F—	Obj.
ENFEITE,			
qualquer,	D	F±	Obj.
colorido.	D	CF	Obj.
ESTÔMAGO.	D	F—	Anat.
FÍGADO,	D	F—	Anat.
colorido.	D	FC	Anat.
FLOR,			
colorida.	D	FC	Pl
FOGO,	D	C	Fogo
chama.	D	CF	Fogo
GRAVATA,			
borboleta	D	F+	Obj.
colorida.	D	FC	Obj.
LAÇO			
de fita,	D	F+	Obj.
colorido.	D	FC	Obj.
LARINGE.	D	F—	Anat.
NOVELO.	D	F+	Obj.

ÓRGÃO	D	F±	Anat.
OSSO,	D	F±	Anat.
omoplata,	D	F—	Anat.
de bacia,	D	F—	Anat.
pintado de vermelho.	D	FC	Anat.
PINTURA.	D	CF	Frgm.
PORTA.	D	F+	Arq.
PULMÕES,	D	F+	Anat.
coloridos.	D	FC	Anat.
RINS,	D	F+	Anat.
coloridos	D	FC	Anat.
TERRA,			
fragmento de terra vermelha.	D	C	Frgm.

D 2

ANIMAIZINHOS, 2	D	F+	A
dependurados,	D	F+	A
mortos, vermelhos,	D	FC	Anat.
correndo.	D	Kan	A
ÁRVORES, (V) 2	D	F—	Pl
AVES, 2	D	F+	A
BICHOS, 2	D	F+	A
BOI,			
quarto de.	D	F—	Anat.
CABEÇA,			
de duendes.	D	F—	Hd
CACHORRINHOS, 2	D	F+	A
CÃES,			
marinhos de cabeça para baixo.	D	F+	A
CARICATURAS, 2	D	F—	Hd
CAVALOS,			
em disparada.	D	Kan	A

PRANCHA III

CAVALOS-MARINHOS.	D	F+	A
COELHOS, 2	D	F+	A
COISAS, caindo.	D	Kob	Frgm.
CONCHAS, grandes.	D	F+	Obj.
ENFEITES, vermelhos.	D	CF	Obj.
ESQUILO, um de cada lado.	D	F+	A
ESTÔMAGOS, 2	D	F+	Anat.
coloridos.	D	FC	Anat.
FOGUETES, caindo.	D	Kob	Obj.
FETOS, 2, embriões.	D	F—	Anat.
FLOR, colorida.	D	CF	Pl
GALINÁCEOS, 2	D	F+	A
GANSO.	D	F—	A
GATO, despencando.	D	Kan	A
GOLFINHO	D	F+	A
LANTERNAS, iluminando o ambiente.	D	CF	Obj.
LEÕES, 2, com cabeça virada.	D	F+	A
LULA.	D	F—	A
MACACOS 2, micos	D	F+	A
dependurados,	D	F+	A
fazendo diabruras,	D	Kan	A
caindo.	D	Kan	A
MANCHAS, de tinta.	D	CF	Frgm.

ÓRGÃO,   D   F±   Anat.
    o vermelho dá impressão
    de sangue   D   CF   Anat.

PAPAGAIOS,
(V)   2, pousados numa haste   D   F+   A

PASSARINHOS,
    2   D   F+   A

PATOS,
    2, caindo no espaço, mortos   D   Kan   A

PESSOAS,
    2, caindo   D   K   H

PULMÕES.   D   F—   Anat.

RATAZANAS,
    2, em pé.   D   F+   A

RATOS,
    caindo de rabo para o ar,   D   Kan   A
    correndo.   D   Kan   A

RINS,   D   F—   Anat.
    coloridos.   D   FC   Anat.

SANGUE,
    mancha,   D   CF   Sg.
    escorrendo.   D   C   Sg.

TOCHAS,
(V)   acesas.   D   CF   Obj.

VELHOS,
    2, segurando uma bengala, só o busto.   D   F—   Hd

VÍSCERAS.   D   F±   Anat.

D 3

ABELHA,   D   F—   A
    voando.   D   Kan   A

ARANHA.   D   F+   A

BACIA.   D   F+   Anat.

BALDE.   D   F+   Obj.

CALDEIRÃO.   D   F+   Obj.

CAMINHO,
    com árvores (incluindo o branco).   DDbl   FE(v)   Nat.

PRANCHA III

CARA,
    de menina,   D   F—   Hd
    de pessoa,   D   F—   Hd
    de cachorro,   D   F—   Ad
    de inseto,   D   F+   Ad
    de rato.   D   F—   Ad

CARANGUEJO.   D   F+   A

ESQUELETO.   D   F±   Anat.

FOGUEIRA,
    (incluindo o vermelho central).   D   CF   Fogo

FUMAÇA,
    saindo.   D   E   Frgm.

HOMEM,
(>)   vestido de pele de animal, com braço
    para fora,   D   K   H
    de gelo, refletindo-se na água.   D   FE   (H)

MÁSCARA.   D   F—   Másc.

OSSO,
    grande.   D   F±   Anat.

PARTE,
    do corpo humano.   D   F±   Anat.

PRATO.   D   F—   Obj.

PROTUBERÂNCIA ANULAR.   D   F—   Anat.

PULMÃO   D   F—   Anat.

VELHO,
(>)   curvo, apoiado numa bengala.   D   K   H

VÉRTEBRA.   D   F—   Anat.

D 3a

BACIA.   D   F—   Anat.

BICHOS,
    2.   D   F—   A

CAVERNA,
    entrada.   D   F±   Nat.

MACACOS,
    2.   D   F—   A

ROSTOS.   D   F—   Hd

PESSOA,
(V)   busto.   D   F—   Hd

D 4

AFRICANOS,
    2, dançando.   D   K   H   Ban

ANIMAIS,
    2.   D   F+   A

ARARA
    um de cada lado.   D   F+   A

BAMBIS,
    2.   D   F+   (A)

BONECOS, 2   D   F+   (H)   Ban
    dançando.   D   K   (H)   Ban

CACHORROS,
    2.   D   F+   A

DANÇARINOS.
    2.   D   K   H   Ban

EMPREGADAS,
    2, de avental branco (o branco intermacular).   DDbl   K   H   Ban

ESQUELETOS,
    2.   D   F+   Anat.

FIGURAS,   D   F+   H   Ban
    2,
        dançando,   D   K   H   Ban
        esquisitas,   D   F+   H   Ban
        parecendo o Minotauro.   D   K   (H)   Ban

GALINHAS,
    2, chocando-se.   D   Kan   A

GALOS
    2, brigando.   D   Kan   A

HOMENS,
    2, frente a frente,   D   K   H   Ban
    batucando,   D   K   H   Ban
    que levaram um tombo.   D   K   H   Ban

PERUS,
    2   D   F+   A

PINGÜINS,
    2.   D   F+   A

PESSOAS, 2   D   K   H   Ban
    conversando,   D   K   H   Ban
    fantasiadas de lobo,   D   K   (H)   Ban

			D	F+	(H)	Ban
	em caricatura,		D	F+	(H)	Ban
	dançando,		D	K	H	Ban
	em reverência.		D	K	H	Ban
URUBU,						
	olhando-se no espelho.		D	F+	A	

Dd 1

ÁRVORES, 2			Dd	F+	Pl
(V)	mangueiras,		Dd	F+	Pl
	com impressão de relevo,		Dd	FE	Pl
BOLAS,					
	2.		Dd	F+	Obj.
BOLSAS,					
	2.		Dd	F+	Obj.
CARA,					
(V)	de um velho,		Dd	F+	Hd
	de dois africanos,		Dd	F+	Hd
	pela cor preta.		Dd	FC	Hd
	com barrete, congelado com nariz pingando.		Dd	FE'	Hd
CESTAS,					
	2.		Dd	F+	Obj.
CHAPÉU			Dd	F+	Obj.
COGUMELO,					
	atômico.		Dd	F—	Frgm.
CORUJA,					
	olhos.		Do	F—	Ad
ESCARAVELHOS,					
	2.		Dd	F—	A
ESPONJA.			Dd	FE	Frgm.
FONE.			Dd	F—	Obj.
LAGOSTAS,					
	2.		Dd	F—	A
ORELHAS,					
(V)	de bicho.		Do	F—	Ad
RINS.			Dd	F—	Anat.
TAMANCO,					
	holandês.		Dd	F—	Obj.

Dd 2

BRAÇOS, 2.	Do	F+	Hd
(V) apontando algo,	Do	F+	Hd
acusando alguém,	Do	F+	Hd
apoiando-se,	Do	F+	Hd
soltos.	Do	F+	Hd
CASCAVEL.	Dd	F—	A
MAPA,			
da Itália.	Dd	F—	Geo
PEIXES, 2.	Dd	F+	A
nadando.	Dd	Kan	A
PERNAS,			
humanas.	Do	F+	Hd
de animal,	Do	F+	Ad
de boi.	Do	F+	Ad
RAMOS,			
2, GALHOS, de árvore.	Dd	F+	Pl

Dd 3

ÁRVORES.	Dd	F—	Pl
BACIA.	Dd	F—	Anat.
COLUNA VERTEBRAL.	Dd	F—	Anat.
COSTELA.	Dd	F—	Anat.
CRUSTÁCEO.	Dd	F—	A
ESQUELETO.	Dd	F±	Anat.
OSSO.	Dd	F±	Anat.
POÇA D'ÁGUA.	Dd	EF	Frgm.
TÓRAX	Dd	F—	Anat.
VENTANIA.	Dd	Kob	Nat.
VÉRTEBRA.	Dd	F—	Anat.

Dd 4

BONECOS,			
africanos pretos.	Dd	FC'	H
HOMENS,			
2 (busto).	Dd	F+	Hd

ÍNDIOS,
(V)   de costas (busto).   Dd   F+   Hd

MONTANHAS.   Dd   F±   Nat.

MULHER.   Dd   F—   Hd

PÁSSAROS.   Dd   F+   A

PESSOA,
    o busto, um de cada lado.   Dd   F+   Hd

Dd 5

CABEÇA,
    de pessoa,   Do   F+   Hd
    de pássaro,   Do   F+   Ad
    de pardal,   Do   F+   Ad
    de gavião.   Do   F+   Ad

GARÇAS.   Dd   F—   A

Dd 6

DEDOS,   Do   F+   Hd
    indicador e polegar.   Do   F+   Hd

ESTALACTITES.   Dd   F±   Frgm.

MÃOS.   Do   F+   Fd

POSTES,
    telegráficos recobertos de neve (incluindo o branco).   DdDbl   FC'   Obj.

RAÍZES.   Dd   F±   Pl

Dd 7

CARA,
    de animal,   Do   F+   Ad
    de coelho,   Do   F+   Ad
    de rato.   Do   F+   Ad

NARIZ.   Dd   F-   Hd

OLHOS,
    de coruja.   Dd   F-   Ad

MONTANHAS.   Dd   F±   Nat.

Dd 8
CASCOS,
    de cavalo.   Do   F+   Ad

PÉS,
    de porco,   Do   F+   Ad
    de boi,   Do   F+   Ad
    de pessoa, com sapato.   Do   F+   Hd

Dd 9
BRAÇO,
    indicando algo,   Do   F+   Hd
    com a mão.   Do   F+   Hd

GALHO,
    de árvore.   Dd   F–   Pl

PERNAS,
    de dançarina africana.   Do   F+   Hd

Dd 10
ÁGUIA,
    escudo de um país.   Dd   F–   Simb.

CARA,
    de javali.   Dd   F–   Ad

MARRETAS,
    2.   Dd   F–   Obj.

Dd 11
RINS,
    2.   Dd   F–   Anat.

Dd 12
SAIA,
    de menina.   Do   F–   Obj

Dbl 1
MÃOS,
    2.   Dbl   F+   Hd

Dbl 2
RIO,
    o curso de um rio.   Dbl   F±   Nat.

PRANCHA IV

G

ABDÔMEN.	G	F—	Anat.
ÁGUIA,	G	F+	A
(V) figura heráldica,	G	F+	Simb.
num pedestal, como um tótem,	G	F+	Simb.
voando.	G	Kan	A
ALGA,			
de folhas largas,	G	F+	Pl
esponjosa.	G	EF	Pl
ANÃOZINHO,			
deitado.	G	K	(H)
ANATOMIA,			
figura de.	G	F±	Anat.
ÂNCORA.	G	F—	Obj.
ANIMAL,	G	F±	A
de barriga aberta,	G	F+	Anat.
de costas, tipo canguru,	G	F+	A
com garras,	G	F±	A
nunca visto,	G	F±	(A)
daqueles, feios, escorregadios, como lesmas,	G	EF	A
estranho, projetando-se do alto de uma montanha.	G	Kan	(A)
(V. também BICHO).			
ARANHA,	G	F—	A
apavorante, caranguejeira,	G	ClobF	A
cabeça de, incluindo o branco interno.	Gbl	F—	Ad
ARBUSTO.	G	F+	Pl
ARRAIA,			
gigante,	G	F-	A
sem cauda.	G	F-	A

ARTE MODERNA.	G	F±	Arte
ÁRVORE,	G	F+	Pl
esquisita,	G	F+	Pl
com folhagem,	G	FE	Pl
com tronco disforme,	G	F+	Pl
numa floresta apavorante,	G	FClob	Pl
carnívora.	G	ClobF	Pl
AVALANCHA.	G	Kob	Nat.
AVE,	G	F+	A
em vôo.	G	Kan	A
(V. também PÁSSARO).			
BACALHAU,			
pendurado.	G	F—	Alim.
BACIA.	G	F—	Anat.
BARATA.	G	F—	A
BICHO,	G	F±	A
esquisito,	G	F±	A
horrível,	G	ClobF	A
com jeito de dragão,	G	F+	(A)
pré-histórico,	G	F±	(A)
peludo, macio,	G	EF	A
como macaquinho, pulando.	G	Kan	A
BICHOS,			
2, encostados, descansando,	G	F-	A
pingüins, trepando numa árvore.	G	Kan	A
BOI,			
cabeça, com chifres,	G	F-	Ad
aberto.	G	F-	Anat.

BONECO,	G	F+	(H)	Ban
de pano, com a cabeça caída na frente,				
bem gordão,	G	F+	(H)	Ban
sentado, apoiado numa árvore,	G	F+	(H)	Ban
de cinema, ser de outro planeta, com				
pele dura, dando impressão de couraça	G	FE	(H)	Ban

BORBOLETA,	G	F-	A
(V) com asa desfeitas,	G	F-	A
daquelas pretas.	G	FC'	A
BORRÃO			
mancha.	G	F±	Frgm.

BOTAS,
    2, penduradas em algum lugar,   G   F+   Obj.
    encostadas num tronco   G   F+   Obj.

BRASÃO,
    medieval.   G   F±   Simb.

CACHOEIRA,
    caindo.   G   Kob   Nat.

CACHORRO.   G   F-   A

CACTO.   G   F±   Pl

CAIXA TORÁCICA,
    de animal.   G   F-   Anat.

CAPACETE,
    de entidade mitológica.   G   F±   Simb.

CARA,
    de animal, de bicho,   G   F-   Ad
    triste, com lágrimas (o branco),   Gbl   F-   Ad
    de elefante,   G   F-   Ad
    de coruja,   G   F-   Ad
    de cachorro,   G   F-   Ad
    de um bicho cabeludo.   G   FE   Ad

CARACOL
    debaixo de uma folha, com sombreado   G   FE   A — Cena

CARCAÇA,
    de caranguejo, siri.   G   F-   Anat.

CASTIÇAL,
(V)   rústico.   G   F-   Obj.

CAVALO,
    olhando dentro d'água.   G   F-   A

CAVERNA,
    (incluindo o branco),   Gbl   F±   Nat.
    entrada,   Gbl   FE(v)   Nat.
    interior cheio de plantas,   Gbl   EF   Nat.
    funda, muito escura.   Gbl   C'F   Nat.

CÉLULA.   G   F±   Anat.

CÉU,
    de tempestade, pela cor escura.   G   Clob   Nat.

COGUMELO,
    atômico.   G   F-   Frgm.

COLUNA VERTEBRAL,
    com as costelas.   G   F–   Anat.
CONCHA.   G   F–   A
COURO,
    de animal com pêlos.   G   FE   Ad   Ban
    (V. PELE).
CROCODILO,
    com cabeça e corpo retorcido.   DG   F–   A
EMBLEMA,
    da Guanabara.   G   F–   Simb.
ENFEITE,
    de Natal.   G   F±   Arte
ENTRADA,
    de uma mansão, porta com plantas e grades.   G   FE   Arq.
ESCULTURA,
    impressão de relevo.   G   EF   Arte
ESGUICHO,
    de petróleo.   G   Kob   Frgm.
ESPANTALHO,   G   F+   (H)
    com caráter assustador, aspecto soturno, escuro.   G   FClob   (H)
ESPECTRO,
    de costas.   G   F+   (H)
ESQUELETO.   G   F–   Anat.
ESQUILO,
    deitado, por causa da cauda,   DG   F–   A
    voador.   G   Kan   A
ESTANDARTE,
    com haste.   G   F–   Simb.
EXPLOSÃO   G   Kob   Frgm.
FIGURA,
    humana,   G   F+   H   Ban
    encostada numa palmeira,   G   K   H   Ban
    com dois pés, de altura espantosa, lendária,   G   F+   (H)   Ban
    de filme de ficção científica, caminhando,   G   K   (H)   Ban
    teratológica, sentada,   G   K   (H)   Ban
    mitológica, como que avançando,   G   K   (H)   Ban
    fantasiada de vampiro, andando.   G   K   (H)   Ban

PRANCHA IV

FLOR,		G	F±	Pl
(V)	como orquídea,	G	F–	Pl
	corte de uma flor,	G	F±	Pl
	silvestre por causa do pistilo muito grande.	G	F±	Pl
FOLHA,		G	F±	Pl
	bem grande,	G	F±	Pl
	seca, fragmentada, com ranhuras,	G	FE	Pl
	comida por um bicho.	G	FE	Pl
FÓSSIL.		G	F±	(A)
FUMAÇA.		G	E	Frgm.
GATO,				
	sem cabeça.	G	F–	A
GELEIRA.		G	EF	Nat.
GIGANTE,					
	visto de baixo para cima,	G	K	(H)	Ban
	corcunda, avançando,	G	K	(H)	Ban
	andando para frente,	G	K	(H)	Ban
	visto de costas,	G	K	(H)	Ban
	sentado num tronco,	G	K	(H)	Ban
	com pés enormes, rindo às gargalhadas	G	K	(H)	Ban
	de neve, meio esvoaçante.	G	FE	(H)	Ban
GORILA,					
	(V. ORANGOTANGO).				
HOMEM,					
	visto em perspectiva,	G	K	H	Ban
	sentado,	G	K	H	Ban
	brincando,	G	K	H	Ban
	segurando dois patos, um de cada lado,	G	K	H	Ban
	dormindo,	G	K	H	Ban
	com casaco muito grosso e sapatos grandes.	G	K	H	Ban
INSETO,		G	F±	A
	aumentado várias vezes o seu tamanho	G	F±	A
	repugnante,	G	FClob	A
	escuro,	G	FC'	A
	voando.	G	Kan	A
LAGARTA,		G	F–	A
	saindo do casulo,	G	Kan	A
	saindo debaixo de uma folha.	G	Kan	A

LAGO,
(>)　　subterrâneo com paredes de rocha refletidas na água.　　G　　FE(v)　Nat.

LAGOSTA,
　　saindo debaixo de uma pedra.　　G　　Kan　A　—　Cena

LESMA,　　　　　　　　　　　　　　　G　　F—　　A
　　visguenta.　　　　　　　　　　　　　G　　FE　　A

MANDARIM,
　　roupa de.　　　　　　　　　　　　　G　　F+　　Vest.

MICRÓBIO.　　　　　　　　　　　　　G　　F±　　A

MONSTRO, ANIMAL　　　　　　　　　G　　F+　　(A)
　　com pés e rabo grandes,　　　　　　G　　F+　　(A)
　　pré-histórico,　　　　　　　　　　　G　　F+　　(A)
　　peludo,　　　　　　　　　　　　　　G　　FE　　(A)
　　procurando comer alguém.　　　　　G　　Kan　(A)

MONSTRO, HUMANO　　　　　　　　　G　　F+　　(H)　Ban
　　em pé, visto em perspectiva,　　　　G　　K　　(H)　Ban
　　andando para a frente,　　　　　　　G　　K　　(H)　Ban
　　de revista de terror,　　　　　　　　G　　FClob (H)　Ban
　　saindo de uma caverna,　　　　　　　G　　K　　(H)　Ban
　　tipo lobisomem,　　　　　　　　　　G　　K　　(H)　Ban
　　tipo Frankenstein.　　　　　　　　　G　　K　　(H)　Ban

MONTANHA,
　　escarpada, com relevo.　　　　　　　G　　EF　Nat.

MORCEGO,　　　　　　　　　　　　　G　　F+　　A
　　peludo,　　　　　　　　　　　　　　G　　FE　　A
　　só o corpo, sem asas,　　　　　　　G　　F+　　Ad
　　pendurado para dormir,　　　　　　G　　F+　　A
　　voando,　　　　　　　　　　　　　G　　Kan　A
(V)　parado de asas abertas.　　　　　　G　　F+　　A

MULHER,
　　fantasiada no Municipal.　　　　　　G　　K　　(H)

NOZ,
　　interior, por causa do relevo.　　　　G　　EF　Alim.

NUVEM,　　　　　　　　　　　　　　G　　F±　Frgm.
　　bem escura,　　　　　　　　　　　　G　　C'F　Frgm.
　　pelo sombreado,　　　　　　　　　　G　　EF　Frgm.
　　de uma explosão.　　　　　　　　　G　　E　Frgm.

PRANCHA IV

OGRO,
    em pé.   G   K   (H)

ORANGOTANGO, GORILA, MACACO,
    deitado,   G   F+   A
    peludo,   G   F+   A
    decapitado,   G   FE   A
    caminhando,   G   F+   A
    tentando abraçar uma árvore.   G   Kan   A
          G   Kan   A

OSSADA,
    de uma cabeça de touro.   DG   F−   Anat.

OSSO,   G   F±   Anat.
    com cartilagem.   G   EF   Anat.

PALHAÇO.   G   K   (H)   Ban

PAPELÃO,
    fragmento.   G   F±   Frgm.

PÁSSARO,   G   F+   A
    com penugem,   G   FE   A
(V)   voando com asas abertas.   G   Kan   A

PEDAÇO,
    de lata amassada.   G   EF   Frgm.

PELE,
    couro de animal,   G   F+   Ad   Ban
    de mamífero esfolado,   G   F+   Ad   Ban
    no chão,   G   F+   Ad   Ban
    curtida ao sol,   G   F+   Ad   Ban
    com impressão de pêlos,   G   FE   Ad   Ban
    maltratada, comida pelas traças,   G   FE   Ad   Ban
    de boi,   G   F+   Ad   Ban
    de onça,   G   FE   Ad   Ban
(V)   de pantera,   G   FE   Ad   Ban
    de urso,   G   FE   Ad   Ban

PERSONAGEM
    fantástica.   G   F+   (H)   Ban

PESSOA,
    vista da cintura para baixo,   G   F+   Hd
    sentada num banquinho,   G   K   H   Ban
    meio desproporcional, encostada,   G   K   H   Ban
    vista de baixo para cima   G   K   H   Ban

fantasiada, de costas, desfilando,	G	K	H	Ban
abaixando-se para apanhar alguma coisa,	G	K	H	Ban
dando gostosa gargalhada,	G	K	H	Ban
parte do corpo de uma pessoa.	G	F±	Hd

PLANTA, G F± Pl
    exótica, G F± Pl
    do mar, por causa do sombreado, G EF Pl
    num vaso, G F+ Pl
    arrebentada, quebrada, G F± Pl

PLANTAÇÃO,
    pêlo aveludado. G EF Pl

POÇA D'ÁGUA. G EF Frgm.

RÃ, SAPO. G F− A

RADIOGRAFIA, G EF Anat.
    do pulmão com as vértebras, G FE Anat.
    do espinhaço, G FE Anat.
    do tórax, G FE Anat.
    das costas, G FE Anat.
    do ilíaco, G FE Anat.

RATAZANA,
    aberta em laboratório. G F− Anat.

RATO, G F− A
    peludo, G FE A
    morto, bichado. G FE A

RÉPTIL. G F− A

REPRESA,
    com elevações mais secas e lugares mais fundos, molhados. G EF Nat.

ROCHA, G F± Frgm.
    impressão de relevo, G EF Frgm.

SÍMBOLO,
    dos reinos de antigamente. G F± Simb.

TAMANDUÁ,
    (com braços peludos). G FE A

TARTARUGA, G F− A
    andando com a cabeça encolhida. G Kan A

TECIDO MORTO,
    fragmentos. G F± Anat.

TIGRE, impressão de pêlo.	G	FE	A
TRONCO, humano.	G	F–	Hd
TROVÃO.	G	Clob	Nat.
URSO,	G	F+	A
deitado,	G	F+	A
peludo.	G	FE	A
VAMPIRO.	G	F+	A
VASO, JARRO, (V) floreira.	G	F–	Obj.

D 1

BOTAS,			
2, sapatos,	D	F+	Obj.
sujas de lama,	D	FE	Obj.
cobertas de neve.	D	FE	Obj.
CABEÇAS de camelo, 2.	D	F–	Ad
CARA, (V) com chapéu de Pateta.	D	F–	Hd
CRIANÇAS, 2, com capuz, em pé.	D	K	H
ESQUILOS, 2	D	F–	A
MAPA,			
de um continente,	D	F±	Geo
do Brasil,	D	F–	Geo
da Itália.	D	F—	Geo
PERNAS, 2,	D	F+	Hd
com botas.	D	F+	Hd
PÉS,			
2,	D	F+	Hd
com botas,	D	F+	Hd
de gigante,	D	F+	(Hd)
deformados.	D	F+	Hd

D Ia

BÊBEDO,
    deitado na rua.   D   K   H

CASACO,
    de pele.   D   FE   Vest.

DEUS ASTECA,
    de pedra, bem carrancudo.   D   F+   (H)

GELO,
    pedaço.   D   EF   Nat.

HOMEM,
    em pé.   D   K   H

KING-KONG,
    figura de terror.   D   FClob   (A)

MORCEGO,   D   F−   A
    voando.   D   Kan   A

PAPEL,
    rasgado.   D   F±   Frgm.

PELE,
    couro de animal com pêlos.   D   FE   Ad

PREGUIÇA,   D   FE   A
    com sombreado

RADIOGRAFIA.   D   EF   Nat.

SAPO.   D   F−   A

TIGRE,
    de botas   D   F+   (A)

D1 b

BORBOLETA.   D   F−   A

BOTAS,
    2, em cima de uma coluneta.   D   F+   Obj.

CAVALOS MARINHOS,
(V)   encostados.   D   F−   A

GATO,   D   F+   A
    peludinho.   D   FE   A

MORCEGO,   D   F+   A
    voando.   D   Kan   A

PRANCHA IV

NUVENS.	D	F±	Frgm.
OSSO, do cóccix	D	F–	Anat.
PELE, de animal,	D	F+	Ad
bem peluda.	D	FE	Ad
PERNAS, 2.	D	F+	Hd
PESSOA, sentada, só a parte de baixo.	D	F+	Hd

D 1c

TAPETE, de pele de urso.	D	FE	Ad

D 2

BANCO.	D	F+	Obj.
BESOURO.	D	F–	A
CABEÇA, de animal,	D	F+	Ad
de boi,	D	F+	Ad
de jacaré,	D	F+	Ad
de dragão,	D	F+	Ad
de cachorro,	D	F+	Ad
de animal pré-histórico.	D	F+	Ad
CIGARRA.	D	F–	A
COLUNA.	D	F–	Arq.
CORUJA.	D	F–	A
ESQUELETO, de animal.	D	F–	Anat.
GATO, de costas.	D	F–	A
GRUTA, (incluindo o branco lateral).	DDbl	FE(v)	Nat.
INSETO.	D	F±	A
LAGARTA.	D	F–	A
LESMA.	D	F–	A

MOLUSCO.	D	F−	A
OSSO.	D	F±	Anat.
SINO.	D	F−	Obj.
SOMBRA,			
de um animal de grande porte.	D	FC'	A
TÓTEM.	D	F−	Simb.
TRONCO,			
de árvore,	D	F+	Pl
com sombreado.	D	FE	Pl
VELA,			
consumindo-se.	D	FE	Obj.

D 2a

ÁRVORE.	D	F±	Pl
BICHO,			
muito feio	D	FClob	A
COLUNA VERTEBRAL,	D	F+	Anat.
radiografia.	D	FE	Anat.
ESTRADA.	D	FE(v)	Nat.
GELO,			
pedaço.	D	EF	Nat.
VELA	D	F−	Obj.

D 2b

ANIMAL,	D	F±	A
do mar.	D	F±	A
ÁRVORE.	D	F±	Pl
FOLHA.	D	F±	Pl
LÍQUEN, PLANTA.	D	FE	Pl
MASSA GELATINOSA.	D	E	Frgm.

D 3

ANIMAL MARINHO,			
molusco.	D	F±	A
AVE,			
no ninho.	D	F−	A

PRANCHA IV

BACIA.	D	F−	Anat.
CHAPÉU.	D	F−	Obj.
CONCHA,	D	F±	A
com sombreado.	D	FE	A
EMBLEMA,			
da aeronáutica.	D	F−	Simb.
FLOR,	D	F+	Pl
orquídea, com sombreado.	D	FE	Pl
FOLHA,	D	F±	Pl
com as pontas dobradas.	D	FE	Pl
GOLA,			
de casaco,	D	F+	Obj.
à moda antiga.	D	F+	Obj.
PARTE GENITAL,			
feminina.	D	F−	Sexo
VULCÃO,			
cratera.	D	F−	Nat.

D 3a

ÁRVORE,			
copa.	D	F±	Pl
BICHO,			
do mar,	D	F±	A
pelo sombreado.	D	EF	A
CARA,			
humana,	D	F−	Hd
de monstro,	D	F−	(Hd)
de gorila.	D	F−	Ad
ESTERNO.	D	F−	Anat.
FOLHA	D	F±	Pl
pé de alface.	D	F±	Pl
RADIOGRAFIA,			
chapa.	D	EF	Anat.

D 4

AÇOITES, 2.	D	F−	Obj.
ACROBATAS, 2.	D	K	H

ALÇAS,
    de um objeto.   D   F±   Obj.

ARCO.   D   F–   Obj.

ASA,
    depenada.   D   F–   Ad

BARCO.   D   F–   Obj.

BRAÇOS,
    2.   D   F–   Hd

CABEÇA, e pescoço
    de ave,   D   F+   Ad
    de cisne,   D   F+   Ad
    de galinha morta,   D   F+   Ad
    de gansos,   D   F+   Ad
    de gaviões abatidos.   D   F+   Ad

CABEÇA,
    de ave, incluindo o branco.   DDbl   F+   A

CAVALOS MARINHOS,
    2.   D   F—   A

COBRAS, SERPENTES,
    2.   D   F+   A

ESCORPIÃO, LACRAIA.   D   F+   A

FLORES,
    murchas, com ramo caído.   D   F±   Pl

Dd 1

CABEÇA,
    de gato,   Dd   F+   Ad
    de cachorro.   Dd   F+   Ad

CACHORROS,
(>)   2.   Dd   F+   A
    deitados,   Dd   F+   A
    poodles   Dd   F+   A
    peludinhos.   Dd   FE   A

FOCA.   Dd   F+   A

LEÕES,
    2, sentados.   Dd   F+   A

NUVEM,   Dd   F±   Frgm.
    pêlo sombreado.   Dd   EF   Frgm.

OVELHAS, 2.	Dd	F+	A
PÉS.	Do	F+	Hd
URSOS, (>) 2.	Dd	F+	Ad

Dd 2

CABEÇA, (V)			
de foca,	Do	F+	Ad
de camelo,	Do	F+	Ad
de javali,	Do	F+	Ad
ROSTO, (V) de mulher	Dd	F+	Hd
de rapaz	Dd	F+	Hd

Dd 3

MÃO, com 2 dedos erguidos.	Dd	F+	Hd
PERNAS, 2.	Dd	F+	Hd
PEZINHOS, 2.	Dd	F+	Hd

Dd 4

ENCAPUÇADOS, FANTASMAS. (V) 2.	Dd	F+	(H)
FOCAS, 2.	Dd	F+	A

Dd 5

BORBOLETA,	Dd	F+	A
só as asas.	Do	F+	Ad

Dd 6

FRIGIDEIRA.	Dd	F+	Obj.
PREGO.	Dd	F+	Obj.

Dd 7

CABEÇA,
    de cachorro.   Do   F+   Ad

MONTANHAS.   Dd   F±   Nat.
(>)

Dd 8

ÁRVORE,
    de Natal, com neve.   Dd   FE   Pl — Simb.

CABEÇA,
    de coruja.   Dd   F+   Ad

Dd 9

CHUVEIRO,
    com jôrro de água.   Dd   Kob   Obj.

CICATRIZ.   Dd   F±   Anat.

Dd 10

PERFIL,
    humano.   Dd   F+   Hd

SAPATO.   Do   F+   Obj.

Dd 11

PERFIS,
    2.   Dd   F+   Hd

Dd 12

FLOR.   Dd   F±   Pl

Dd 13

CABEÇA,
    de ganso.   Do   F+   Ad

Dd 14

ELEFANTE,
    tromba e patas.   Dd   F+   Ad

Dd 15

OLHOS,
    2.   Do   F+   Hd

Dbl 1

CARA,
    comprida, de pessoa magra.   Dbl   F+   Hd

MULHER,
    com véu, do Paquistão.   Dbl   K   H

PADRE,
    rezando.   Dbl   K   H

Dbl 2

CARA,
    de cachorro,   Dbl   F+   Ad
    de gorila.   Dbl   F+   Ad

Dbl 3

CABEÇAS,
    de cobra, 2.   Dbl   F+   Ad

Dbl 4

BALEIAS,
    2.   Dbl   F+   A

PRANCHA V

G

ÁGUIA,
    voando.   G   Kan   A   Ban

ALCES,
    2, afrontados,   G   F+   A
    brigando.   G   Kan   A

ANDORINHA,
    voando.   G   Kan   A   Ban

ANIMAL,
    bicho,   G   F±   A
    pré-histórico,   G   F±   (A)
    lendário,   G   F±   (A)
    esquisito,   G   F±   (A)
    com muito pêlo,   G   FE   A
    com orelhas grandes,   G   F+   A
    voando,   G   Kan   A   Ban
    sem cabeça,   G   F±   A
    atropelado,   G   F±   A
    aberto pelo meio,   G   F+   Anat.
    espáduas de um animal.   G   F−   Ad

ANIMAIS,
    2, de grande porte,   G   Kan   A
    numa luta feroz.

ANTÍLOPES,
    2.   G   F+   A

ARCO.   G   F−   Obj.

ARRAIA.   G   F−   A

ÁRVORE,
    com galhos quebrados.   G   F±   Pl

ÁRVORES,
    2, em cima de um precipício,   G   F±   Pl
    calcinadas.   G   C'F   Pl

ASAS,
    2.   G   F+   Ad

AVE, PÁSSARO,   G   F+   A   Ban
    de grande porte,   G   F+   A   Ban
    com asas estendidas, abertas,   G   F+   A   Ban
    de rapina,   G   F+   A   Ban
    enorme,   G   F+   A   Ban
    pré-histórica,   G   F+   (A)   Ban
    voando,   G   Kan   A   Ban
    morta,   G   F+   A   Ban
    mergulhando,   G   Kan   A   Ban
    não identificada.   G   F+   A   Ban

AVIÃO,   G   F+   Obj.
    voando,   G   Kob   Obj.
    algum objeto voador.   G   Kob   Obj.

BAILADO.   G   K   Cena

BEIJA-FLOR.   G   Kan   A   Ban

BICHOS,
    2, escondidos atrás de uma moita.   G   F+   A   —   Cena

BOI,
    cortado transversalmente.   G   F-   Anat.

BORBOLETA,   G   F+   A   Ban
    pousada,   G   F+   A   Ban
    negra,   G   FC'   A   Ban
    com antenas e pernas esticadas,   G   F+   A   Ban
    gigante,   G   F+   A   Ban
    africana,   G   F+   A   Ban
    deformada,   G   F+   A   Ban
    voando,   G   Kan   A   Ban
    (sem as "pernas"),   Ǥ   F+   A   Ban
    (sem as "antenas")   Ǥ   F+   A   Ban

BORBOLETAS,
    2.   G   F+   A

BORRÃO,
    mancha.   G   F±   Frgm.

BRAÇOS,
    abertos em ginástica.   G   F+   Hd

BRASÃO.   G   F±   Simb.

BÚFALOS,
    2, chocando-se.   G   Kan   A

CARNE,
    no espeto.   G   F±   Alim.

CARNEIROS,
    2, brigando.   G   Kan   A

CAVALO,
    com duas figuras ao lado.   G   F–   A — Cena

COELHO,
    atrás de um monte de capim,   G   F+   A — Cena
    correndo,   G   Kan   A
    com asas,   G   F+   (A)
    aberto ao meio.   G   F+   Anat.

COELHOS,
    2, batendo um no outro.   G   Kan   A

COISA,
    desproporcional.   G   F±   Frgm.

CORUJA,
    com asas abertas.   G   F+   A   Ban

COSTELETA,
    de porco.   G   F–   Alim.

DANÇARINA.   G   K   H

ELEFANTES,
    2.   G   F+   A

EMPURRADORES,
    de livro, 2.   G   F±   Obj.

ENTRADA,
    de uma gruta.   G   EF   Nat.

FADA,
    olhando-se no espelho.   G   K   H

FALCÃO,
    voando.   G   Kan   A   Ban

FIGURA,
    do diabo.   G   K   (H)

FLOR,
    selvagem.   G   F±   Pl

FOLHA,
    seca.   G   F± · Pl

GAIVOTA, | G | F+ | A | Ban
    voando, | G | Kan | A | Ban
(>)   sobre um espelho. | G | FE(v) | A

GAZELA,
    em disparada. | G | Kan | A

GERME,
    no microscópio. | G | F± | Anat.

HOMEM,
    busto. | G | F— | Hd

ILHA, | G | F± | Geo
    as partes mais escuras são montanhas,
    as claras planícies. | G | FE | Geo

INSETO, | G | F+ | A | Ban
    venenoso, | G | FClob | A | Ban
    voando. | G | Kan | A | Ban

LAGOSTA. | G | F— | A

LAVAS,
    de um vulcão escorregando para os lados. | G | Kob | Frgm.

LESMA. | G | F— | A

MAPA, | G | F± | Geo
    de aerofotogrametria, | G | F± | Geo
    de cabo com ancoradouro. | G | F± | Geo

MARIPOSA, | G | F+ | A | Ban
    arrastando-se, | G | Kan | A | Ban
    morta, | G | F+ | A | Ban
    voando. | G | Kan | A | Ban

MORCEGO,
    de asas abertas, | G | F+ | A | Ban
    visto de costas, | G | F+ | A | Ban
    pela cor escura, | G | FC' | A | Ban
    desagradável, | G | FClob | A | Ban
    voando, | G | Kan | A | Ban
    morto, | G | F+ | A | Ban
    amassado, | G | F+ | A | Ban
    caído, arrastando-se, | G | Kan | A | Ban
    com antenas e asas disformes, | G | F+ | A | Ban
    empalhado. | G | F+ | A | Ban

MORRO,
    com pedras. | G | F± | Nat.

MORTE,			
pessoa espatifada.	G	F±	Abstr.
MOSQUITO.	G	F+	A	Ban
MULHERES,			
náufragas, cujos cadáveres foram trazidos à praia.	G	F+	H
OSSO.	G	F±	Anat.
PAISAGEM,			
vista de avião, rios, mato.	Gbl	FE(v)	Geo
PANO,			
jogado no chão.	G	F±	Frgm.
PEÇA,			
de relógio, redutor de velocidade.	G	F—	Obj.
PELE,			
couro de animal,	G	F+	Ad
esticada,	G	F+	Ad
seca,	G	F+	Ad
de morcego,	G	F+	Ad
de coelho, com pêlos,	G	FE	Ad
de lontra.	G	FE	Ad
PELEGO.	G	FE	Ad
PERNA,			
dobrada ao meio, cheia de calos e tumores.	G	F—	Hd
PERNILONGO,			
voando.	G	Kan	A	Ban
PESSOA,			
fantasiada,	G	K	(H)
com capa,	G	K	(H)
no concurso do Municipal,	G	K	(H)
de demônio,	G	K	(H)
de borboleta,	G	K	(H)
de morcego.	G	K	(H)
PESSOAS,			
2, deitadas,	G	K	H
reclinadas,	G	K	H
mendigos, deitados.	G	K	H
PIPA,			
em forma de pássaro.	G	F+	Obj.	Ban

PLANO,
    piloto de Brasília.   G   F—   Arq.

PONTE,
    com folhagem em volta.   G   FE   Arq.

ROCHAS.   G   F±   Frgm.

SÍMBOLO,
    da aviação.   G   F+   Simb.

TAPETE,
    de pêlo.   G   FE   Obj.

TOUROS,
    2, brigando.   G   Kan   A

TÚNEL,
    pelo escuro.   G   C'F   Arq.

VAMPIRO,
    pela tonalidade,   G   FC'   A   Ban
    horrível,   G   FClob   A   Ban
    voando.   G   Kan   A   Ban

VASO,
    exótico.   G   F-   Obj.

D 1

ESCORPIÃO.   D   F-   A

FREIO,
    (>)   de manivela.   D   F-   A

JACARÉ,
    cabeça.   D   F+   Ad

PERNA,
    de animal,   D   F+   Ad
    de peru.   D   F+   Alim.

D 1a

BRAÇO,
    apontando um caminho.   D   F—   Hd

COXA,
    de galinha.   D   F+   Alim.

PERNAS,
    de animal,   D   F+   Ad
    de cavalo.   D   F+   Ad

PERNAS,			
humanas,	D	F+	Ad
amputadas.	D	F+	Ad

D 1b

ANIMAL,			
engolindo um cabritinho.	D	Kan	Cena
ASAS,			
de morcego,	D	F+	Ad
de ave.	D	F+	Ad
CABEÇAS,			
de lobo, 2.	D	F—	Ad
HOMENS,			
2, deitados,	D	K	H
em posição de salto,	D	K	H
com perna de pau.	D	K	H
ILHA.	D	F±	Geo
JACARÉ,			
saindo de uma gruta.	D	Kan	A
LEÕES,			
2,	D	F+	A
com muito pêlo.	D	FE	A
MOÇAS,			
2, reclinadas.	D	K	H
MULHER,			
recoberta por uma manta de pele, com a perna de fora.	D	K	H
RIO, (>) visto de cima.	D	F±	Nat.

D 2

BODE.	D	F+	A
CABRITO.	D	F+	A
CARACOL,			
por causa dos chifrinhos.	D	F+	A
CARAMUJO.	D	F+	A
COELHO.	D	F+	A

LARVA.	D	F+	A
LESMA.	D	F+	A
PACA.	D	F−	A
PINÇA, ALICATE.	D	F+	Obj.

D 2a

PÁSSARO,
    pré-histórico.   D   F−   (A)

D 2b

ÁGUIA,
    voando.   D   Kan   A

ARRAIA.   D   F—   A

BORBOLETA,   D   F+   A
    com asas gastas,   D   F+   A
    voando.   D   Kan   A

BRIGA,
    de 2 animais.   D   Kan   A — Cena

GAFANHOTO,
    voando.   D   Kan   A

MORCEGO,   D   F+   A
    voando,   D   Kan   Ad
    asas de morcego.   D   F+   Ad

Dd 1

BOCA,
(>)   de jacaré, aberta.   Dd   F+   Ad

BICO,
    de um pássaro.   Do   F−   Ad

CABEÇA,
    de um bicho com antenas,   Do   F+   Ad
    de um bicho com chifres,   Do   F+   Ad
    de caracol, ou caramujo,   Do   F+   Ad
    de coelho,   Do   F+   Ad
    de lesma,   Do   F+   Ad
(>)   de pato.   Do   F+   Ad

UBRE,
    de vaca.   Dd   F−   Ad

Dd 1a

CATAVENTO,
    em cima de um morro,   Dd   Kob   Arq.
    em movimento.

HOMEM,
    com chapéu alto,   Do   F+   Hd.
    todo encapotado.

Dd 1b

BORBOLETA.   Dd   F−   A

Dd 1c

PINO,
    para tomada.   Dd   F−   Obj.

Dd 2

GAIVOTA,
    voando.   Dd   Kan   A

Dd 2a

CACHORRINHO,
    deitado, esticadinho.   Dd   F−   A

CARAS, ou **PERFIS,**
    com nariz e barbas.   Dd   F+   Hd

Dd 2b

ELEFANTES,
    com tromba, só o busto.   Dd   F−   Ad

Dd 3

ANTENAS,
    de barata.   Do   F+   Ad

CABEÇAS,
    de duas cobras,   Do   F+   Ad
    de cobras saindo de um monte de terra,   Do   F+   Ad
    de cisne,   Do   F+   Ad
    de pelicano, bico aberto   Do   F+   Ad
    de um pássaro.   Do   F+   Ad

FORMA,
    de um V.   Dd   F−   Simb.

PERNINHAS,
    de cachorro,   Do   F+   Ad
    de morcego.   Do   F+   Ad

PINÇA,
    de médico.   Dd   F+   Obj.

Dd 4

BRAÇOS,
    2, levantados.   Dd   F–   (Hd)

CABECINHAS,
    de bruxas, com chapéu.   Dd   F–   Hd

CHIFREZINHOS,
    de caramujo,   Do   F+   Ad
    de inseto.   Do   F+   Ad

DEDOS,
    2.   Dd   F+   Hd

FORMA,
    de um V.   Dd   F–   Simb.

ORELHAS,
    de coelho.   Do   F+   Ad

PERNAS,
    humanas.   Do   F+   Hd

PÉS,
    de bailarina.   Do   F+   Hd

Dd 5

CARA,
    de carneiro, peludinho.   Dd   FE   Ad
    de homem rindo.   Dd   F+   Hd

JOELHOS.   Dd   F–   Hd

MONTANHAS,   Dd   F±   Nat.
    de difícil escala.   Dd   F±   Nat.

PEDRAS,
    grandes.   Dd   F±   Frgm.

TETA,
    de vaca.   Dd   F–   Ad

Dd 6

CABEÇA,
    de homem com chapéu coco,   Do   F+   Hd
    de mulher.   Do   F+   Hd

Dd 7

CAUDA,
    de cachorro.   Do   F+   Ad

PERNA,
    de pau.   Do   F+   (Hd)

Dd 8

PERFIL,
    de um velho.   Dd   F−   Hd

Dbl 1

ENSEADAS,
    2.   Dbl   F±   Geo

FANTASMA,
    dormindo.   Dbl   K   (H)

PERFIL,
    de homem,   Dbl   F+   Hd
    de hipopótamo.   Dbl   F+   Ad

PESSOA,
    recostada, escultura.   Dbl   F+   H

Dbl 2

FENDA,
    numa rocha.   Dbl   F±   Nat.

PRANCHA VI

G

ABAJUR.	G	F–	Obj.
ÁGUA,			
estagnada,	G	EF	Frgm.
poça.	G	EF	Frgm.
ALGA MARINHA,	G	F±	Pl
meio difusa.	G	EF	Pl
ANIMAL,			
qualquer,	G	F±	A
com duas antenas,	G	F±	A
marinho,	G	FE	A
pré-histórico,	G	F±	A
rastejante.	G	Kan	A
ANJINHO,			
em cima de uma nuvem.	G	K	(H)
ARBUSTO,			
arrancado, de cabeça para baixo.	G	F+	Pl
ARRAIA,	G	F+	A
morta,	G	F+	A
em decomposição.	G	F+	A
ÁRVORE,			
(V) muito irregular,	G	F+	Pl
cortada,	G	F+	Pl
palmeira.	G	F–	Pl
AVE,			
aberta ao meio.	G	F–	A
BACALHAU,			
pendurado.	G	F–	Alim.
BACTÉRIA.	G	EF	A
BASTÃO,			
recoberto com pele, num culto qualquer.	G	FE	Simb.

BICHO,
    aberto ao meio,   G   F±   A
    em cima de uma pedra.   G   F±   A

BORBOLETA,   G   F–   A
    dissecada.   G   F–   A

BORRÃO, MANCHA.   G   F±   Frgm.

BRASÃO.   G   F±   Simb.

BRITADOR,   G   F–   Obj.
(V)   em movimento.   G   Kob   Obj.

CACHORRO,
    esticado.   G   F+   A

CÁGADO, TARTARUGA,   G   F+   A
    com casco virado para cima.   G   F+   A

CAIXA,
    de violino aberta.   G   F–   Obj.

CALEIDOSCÓPIO.   G   F±   Obj.

CAMINHO,
    entre as montanhas.   G   FE   Nat.

CARAMUJO.   G   F–   A

CÉLULA.   G   EF   A

CHAMAS,
    e fumaça.   G   EF   Frgm.

CHOCALHO,
    indígena.   G   F–   Obj.

COBRA,
    d'água,   G   F–   A
    pisada.   G   F–   A

COGUMELO,
(V)   de bomba, avolumando-se.   G   E   Frgm.

CONTRABAIXO,
    aberto.   G   F–   Obj.

COROA.   G   F–   Simb.

CORPO,
    qualquer, aberto.   G   F±   Anat.

COURO,

de animal, pele	G	F+	Ad	Ban
troféu,	G	F+	Ad	Ban
com impressão de pêlos,	G	FE	Ad	Ban
feito tapete.	G	FE	Ad	Ban
espichado, esticado,	G	FE	Ad	Ban
secando,	G	FE	Ad	Ban
de lince,	G	FE	Ad	Ban
de carneiro,	G	FE	Ad	Ban
de coelho,	G	FE	Ad	Ban
de lobo,	G	FE	Ad	Ban
de tigre,	G	FE	Ad	Ban
de onça,	G	FE	Ad	Ban
de urso,	G	FE	Ad	Ban
de cabrito,	G	FE	Ad	Ban
de gato,	G	FE	Ad	Ban
de leopardo,	G	FE	Ad	Ban
de lagarto,	G	F+	Ad	Ban
de raposa,	G	FE	Ad	Ban
parte de dentro da pele.	G	F+	Anat.	Ban

CRUZ,

sobre um pedestal,	G	F+	Simb.
numa igreja.	G	F+	Simb.

CRUZEIRO.

	G	F+	Simb.

CÚPULA,

de igreja.	G	F−	Arq.

EIXO,

girando.	G	Kob	Obj.

EMBLEMA,

Roma.	G	F±	Simb.

ENFEITE,

indígena.	G	F±	Obj.

ESPANTALHO.

	G	F+	(H)

ESQUILO VOADOR,

	G	F+	A
voando.	G	Kan	A

ESTANDARTE,

de índio.	G	F±	Simb.

ESTRELA,

	G	F−	Simb.
que caiu, espatifou-se,	G	F±	Simb.
do mar.	G	F−	A

EXPLOSÃO,
(>)	num poço de petróleo,	G	Kob	Frgm.
(V)	com reflexo numa baía,	G	Kob	Nat.
(V)	depois da explosão, a fumaça,	G	E	Frgm.
	de um avião.	G	Kob	Frgm.

FEITICEIRO,
máscara de. G F± Másc.

FLOR, G F± Pl
tulipa. G F− Pl

FLORESTA,
com castelo, refletida num lago. G FE(v) Nat.

FOCA. G F− A

FOGUETE,
subindo com chamas e fumaça. G Kob Obj.

FOLHA,
recortada, G F± Pl
de árvore seca. G FE Pl

FORMIGA. G F− A

GARRAFA,
(sem o Dd5) ∅ F− Obj.

GATO,
visto de cima, G F+ A
como se estivesse deitado num espelho, G F+ A
morto, G F+ A
comendo, abaixado, G F+ A
que caiu de um edifício, está esborrachado, G F+ A
de história de criança, G F+ (A)
siamês partido ao meio. G F+ A

GELO,
derretido e espalhado, na superfície de um lago. G EF Frgm.

HOMENS,
(V) 2, dormindo, um encostado no outro. G K H — Cena

ÍDOLO,
de religião africana. G F+ Simb.

ILHA. G F± Geo

IMAGEM,
    sobre um pedestal.   G   F+   (H) — Simb.

INCÊNDIO,
(>)   do outro lado do rio, fotografado.   G   FE(v) Nat.

ÍNDIO,
    sentado, de frente, com penas na cabeça.   G   K   (H)

INSETO,
    saindo do casulo.   G   Kan   A

JARRO,
    antigo.   G   F−   Obj.

LANCHA,
(>)   em chamas em cima de um lago   G   FE(v) Obj.

LASCA,
    de madeira.   G   F±   Frgm.

LIVRO,
    destruído, com páginas arrancadas.   G   F±   Frgm.

LOBO.   G   F+   A

LOUVA-A-DEUS,   G   F−   A

LUSTRE.   G   F−   Obj.

MAPA,
    de aerofotogrametria, com enseadas, areia, vegetação, água profunda.   G   FE   Geo

MONSTRO.   G   F±   (A)

MONTANHAS,
(>)   com algo em cima,   G   F±   Nat.
    refletindo-se na água.   G   FE(v) Nat.

MORCEGO,
    voando.   G   Kan   A

MOTOR,
    de dentista, em movimento.   G   Kob   Obj.

NAVIO,
(>)   refletindo-se na água.   G   FE(v) Nat.

NÚCLEO,
    de célula, pela transparência.   G   EF   Anat.

OSSO,
        de qualquer bicho.   G   F±   Anat.

PAISAGEM,
(>)   rochosa com reflexos na água.   G   FE(v)   Nat.

PANO,
        fragmento.   G   F±   Frgm.

PAPEL,
        arrancado, pedaço.   G   F±   Frgm.

PÁSSARO,
        qualquer.   G   F—   A

PEIXE,
        voador, nadando.   G   Kan   A

PESSOA,
        que caiu do 10.º andar do edifício e se espatifou,   G   F+   H
(>)   dançando, refletida.   G   K   H

PINTURA,
        moderna,   G   F±   (Arte)
        surrealista.   G   F±   (Arte)

PIPA,
        papagaio.   G   F+   Obj.

PISTOLAS,
(>)   2, uma de cada lado.   G   F+   Obj.

POMBA,
        em cima de uma rocha.   G   F+   A

POSTE,
        com plantas em volta.   G   FE   Nat.

PRESUNTOS,
        2.   G   F—   Alim.

RADIOGRAFIA.   G   EF   Anat.

RATO,
        morto, com a pele toda descoberta.   G   F+   Anat.

RAPOSA,   G   F+   A
        saindo de uma moita.   G   Kan   A

REGO,
        num terreno.   G   FE   Nat.

PRANCHA VI

RIO,
    dentro de um vale,   G   FE   Nat.
    correndo embaixo de rochas.   G   Kob   Nat.

SÍMBOLO,
    qualquer,   G   F±   Simb.
    de força e de união.   G   F±   Simb.

TACAPE.   G   F—   Obj.

TAPETE.   G   FE   Obj.   Ban

TEMPESTADE,
(>)   no mar.   G   Kob   Nat.

VELA,
    com castiçal (menos Dd5).   Ø   F—   Obj.

VERMES,
    larvas.   G   F—   A

VIOLÃO.   G   F+   Obj.

D 1

ABISMO.   D   EF   Nat.

ÁGUA, e terra
    (incluindo o branco em
    volta)   DDbl   EF   Nat.

ÁGUIA.   D   F-   A

ANIMAL,
    aberto,   D   F±   Anat.
    morto,   D   F±   A
    marinho.   D   F±   A

ANIMAIS,
    2, de costas.   D   F—   A

APARIÇÃO,
(>)   sobre a montanha (Cristo)   D   K   (H)

ARRAIA,
    estendida,   D   F—   A
    nadando.   D   Kan   A

BANDEIRA.   D   F—   Simb.

BARCO.   D   F—   Obj.
(>)

BLUSA,
    com gola e fecho-éclair,   D   FE   Obj.
    (as tonalidades).

BORRÃO,
    de tinta   D   F±   Frgm.

CACTOS.   D   F—   Pl

CARA,
(>)   de um velho (um de cada lado).   D   F+   Hd

CARAS,
(>)   2, disformes.   D   F+   (Hd)

CARICATURAS,
(V)   2, de pessoas.   D   F+   (H)

CARRO,
(>)   de combate, refletido,   D   FE(v)   Obj.
    andando.   D   Kob   Obj.

CASACO,
    de pele.   D   FE   Obj.

CRIANÇAS,
(V)   2, unidas, em pé.   D   K   H

ENCOSTA,
(>)   com vegetação rasteira, e reflexo.   D   FE   Nat.

ESTRELA,
    do mar.   D   F—   A

FIGURA,
    geométrica.   D   F—   Simb.

FILÉ,
    de peixe.   D   F+   Alim.

GAROTOS,
(V)   2.   D   K   H

HIPOPÓTAMO.   D   F—   A

HOMEM,
    andando em cima de uma rocha,
(>) refletindo-se,   D   K   H — Cena
(>) fazendo um discurso, apoiando-se numa coluna,   D   K   H
(>) ajoelhado com os braços levantados.   D   K   H

LÃ,
    tirada de um carneiro.   D   EF   Ad

LÂMINA,
    de laboratório.   D   EF   Anat.

LÍNGUA,
    de animal com papilas.   D   EF   Ad

LINHA,
    de beira de lago, com sombra do mato, nuvens.   D   FE(v)   Nat.

MAPA,   D   F±   Geo
    em relevo,   D   FE   Geo
    de uma ilha.   D   F±   Geo

MATÉRIA ESPONJOSA,
    flácida.   D   E   Frgm.

MELANCIA,
    fatia, pelos grãozinhos.   D   EF   Alim.

MORRO,
    de terra.   D   F±   Nat.

MULHER,
(V) com braços abertos.   D   K   H

MULHERES,
    2, com roupa longa, cabeça coberta por um pano.   D   K   H

NAVIO,
(>) envolvido pela neblina,   D   FE   Obj.
    a vapor.   D   F−   Obj.

NOZ.   D   F−   Alim.

ONDAS,
    2, chocando-se.   D   Kob   Nat.

PÁGINA,
    de livro queimada.   D   FE   Frgm.

PELE, COURO,
    de animal,   D   F+   Ad   Ban
    aberta,   D   F+   Ad   Ban
    esticada,   D   F+   Ad   Ban
    com impressão de pêlos,   D   FE   Ad   Ban
    feito tapete,   D   FE   Obj.   Ban
    dependurada,   D   F+   Ad   Ban
    de bezerro,   D   FE   Ad   Ban
    de gato,   D   FE   Ad   Ban
    de vaca   D   FE   Ad   Ban

PELES,
    2.   D   FE   Ad

PESSOAS,
    2, com braço estendido,   D   K   H
    conversando,   D   K   H
    andando em direções opostas, D   K   H
    olhando em direções opostas.   D   K   H

POSTA,
    de peixe.   D   F+   Alim.

RADIOGRAFIA,   D   EF   Anat.
    de um órgão,   D   F±   Anat.
    de osso, com transparência.   D   FE   Anat.

ROCHA,   D   F±   Frgm.
(>)   trabalhada pela erosão.   D   EF   Frgm.

SARDINHA,
    partida ao meio,   D   F+   Alim.
    frita.   D   F+   Alim.

TARTARUGA,
    casco,   D   F−   A
    nadando.   D   Kan   A

TERRA,
    escavada com canal.   D   FE   Nat.

TERRENO,
    com depressão.   D   EF   Nat.

TRONCO,
    de árvore,   D   F−   Pl
    humano.   D   F−   Hd

D 2

ANIMAL,
    qualquer,   D   F±   A
    morto, esparramado.   D   F±   A

AVE,   D   F+   A
    voando de asas abertas.   D   Kan   A

BOMBA,
    estourando.   D   Kob   Frgm.

BORBOLETA,
    pousada,   D   F+   A
    voando.   D   Kan   A

CABEÇA,
    de índio com cocar,   D   F+   Hd
    de animal,   D   F+   Ad
    de gato,   D   F+   Ad
    de raposa.   D   F+   Ad

COBRA,
    com asas.   D   F+   (A)

CORUJA,   D   F+   A
    em cima de uma pedra.   D   F+   A

COSTELAS.   D   F−   Anat.
(V)

CRISTO REDENTOR.   D   F+   (H)

CRUCIFIXO.   D   F+   Simb.

CRUZ,   D   F+   Simb.
    com fogo,   D   FE   Simb.
    enfeitada.   D   F+   Simb.

CRUZEIRO.   D   F+   Simb.

EMBLEMA,
    indígena.   D   F±   Simb.

ENFEITE,
    de penas, dando impressão de maciez.   D   EF   Obj.

ESPANADOR.   D   F−   Obj.

ESPANTALHO.   D   F+   (H)

ESTÁTUA,
    maia.   D   F+   Arte

EXPLOSÃO.	D	Kob	Frgm.
FALO.	D	F–	Sexo
FAROL.	D	F–	Arq.
FLOR.	D	F±	Pl
FÓSFORO,			
aceso.	D	F–	Obj.
HOMENS,			
2, de cabeça para baixo.	D	K	H
ÍDOLO,			
de índio.	D	F+	Simb.
IMAGEM,			
religiosa.	D	F+	Simb.
INSETO.	D	F+	A
JARRO,			
com planta.	D	F–	Obj.
MARIPOSA.	D	F+	A
OBJETO,			
de cultura pré-histórica.	D	F±	Simb.
ÓRGÃO,			
sexual da mulher,	D	F–	Sexo
com impressão de pêlos.	D	FE	Sexo
PAPAGAIO,			
de praia.	D	F+	Obj.
PÁSSARO,	D	F+	A
voando.	D	Kan	A
PEIXE,			
pelas barbatanas.	D	F+	A
PINTURA,			
moderna.	D	F±	(Arte)
PLANTA,			
carnívora.	D	F±	Pl
REPUXO.	D	Kob	Arq.
SACERDOTE,			
índio, em cima de uma rocha.	D	K	(H)
TORRE.	D	F–	Arq.
TOTEM.	D	F+	Simb.

D 2a

ABAJUR.	D	F–	Obj.
ARMA, de fogo atirando.	D	Kob	Obj.
BICHO, esquisito,	D	F±	A
deslizando.	D	Kan	A
CRIANÇA, em pé sobre uma coluna, com asas de anjo.	D	K	(H)
ESGUICHO, de água.	D	Kob	Nat.
FOGO, explodindo.	D	Kob	Frgm.
FOGUETE, parado,	D	F–	Obj.
subindo.	D	Kob	Obj.
LANÇA, índia.	D	F–	Obj.
PLANTA, saindo da terra.	D	F±	Pl

D 3

BAILARINO.	D	K	H
BONECO.	D	F–	(H)
CANDELABRO.	D	F+	Obj.
COBRA.	D	F+	A
COLUNA.	D	F+	Arq.
CORPO, parte.	D	F±	Anat.
ESPADA, de fantasia.	D	F+	Obj.
FOCA.	D	F–	A
IMAGEM.	D	F–	Simb.
LARVA.	D	F+	A

MÃO,
    levantada.   D   F–   Hd

OFÍDIO.   D   F+   A

ÓRGÃO,
    sexual masculino.   D   F+   Sexo

OSSO,
    humano.   D   F±   Anat.

PÉ,
    de cama torneado.   D   F+   Obj.

PEIXE.   D   F+   A

PERNAS,
    de uma pessoa   D   F—   Hd

REVÓLVER,
    rústico.   D   F–   Obj.

TRONCO,
    de árvore.   D   F±   Pl

D 3a

ANIMAL,
    sendo engolido por outro.   D   Kan   A — Cena

BICHO,
    indeterminado.   D   F±   A

BAINHA,
    com espada.   D   F–   Obj.

CANAL,
    muito reto,   D   F+   Nat.
    marítimo,   D   F+   Nat.
    com impressão de perspectiva.   D   FE(v)   Nat.

CANALIZAÇÃO.   D   F+   Arq.

CARNE,
    pedaço partido.   D   FE   Alim.

CAVERNA,
    entrada.   D   FE(v)   Nat.

ESPINHA,
    dorsal, do corpo humano.   D   F–   Anat.

ESTRADA,
    reta.   D   F+   Nat.

FENDA,
    bem funda.   D   EF   Nat.

ÍNDIO,
    com turbante, num pedestal.   D   K   (H)

PASSAGEM,
    difícil numa paisagem agreste.   D   FE(v)   Nat.

PEIXE,
    cortando o mar, deixando um caminho atrás de si.   D   Kan   A

POSTE.   D   F–   Obj.

RÉPTIL.   D   F+   A

RIO,
    visto do alto.   D   FE(v)   Nat.

SARCÓFAGO.   D   F–   Arq.

TOTEM,
    indígena.   D   F–   Simb.

VAGINA,   D   F–   Sexo
    com impressão de profundidade.   D   FE   Sexo

Dd 1

BRAÇO,
    apontando,   Do   F+   Hd
    com mão fechada.   Do   F+   Hd

CABO,
    de segurar.   Dd   F–   Obj.

FOCA.   Dd   F+   A

MAPA,
    da Itália.   Dd   F–   Geo

PERFIL,
    de lobo.   Dd   F–   Ad

ROCHA,
    pedaço.   Dd   F±   Frgm.

Dd 1a

CADEIRAS,
    2, poltronas.   Dd   F+   Obj.

CARA,
    de Pateta com chapeuzinho.   Dd   F+   (Ad)

MAPA,
    do Sul.   Dd   F–   Geo
MONTANHAS.   Dd   F±   Nat.
NUVENS.   Dd   FE   Frgm.
(>)

Dd 1b

CARA,
    de egípcio.   Dd   F–   Hd
GAITA,
    com bicos.   Dd   F–   Obj.

Dd 2

ARANHA,
    com antenas.   Dd   F+   A
CABEÇA,
    de pássaro,   Dd   F+   Ad
    de gavião.   Dd   F+   Ad
FERRÕES.   Do   F+   Ad
FORMA,
    de V.   Dd   F–   Simb.
GLÂNDULAS.   Dd   F–   Anat.
INSETO.   Dd   F+   A
LÁBIOS,
    de uma pessoa.   Dd   F–   Hd
LAGOSTA.   Dd   F–   A
NINHO,
    com dois pássaros.   Dd   F–   A
PRESAS,
    de formiga.   Do   F+   A

Dd 3

CABEÇA,
    de bicho,   Do   F+   Ad
    de cão,   Dd   F–   Ad
    de cobra,   Do   F+   Ad
    de tartaruga,   Do   F+   Ad
    de fantoche.   Do   F+   Hd

FOCINHO, de gato.	Do	F+	Ad
MÃOS, 2, amarradas.	Dd	F–	Hd

Dd 4

ASAS, de ganso.	Do	F+	Ad
BORBOLETA.	Dd	F+	A
COCAR, de índio.	Dd	F–	Obj.
ESTALACTITE.	Dd	F±	Nat.
FOGUEIRA.	Dd	Kob	Frgm.
PENAS.	Do	F+	Ad
TARTARUGAS, cabeça.	Dd	F–	Ad

Dd 5

ANTENAS.	Do	F+	Ad
BARBICHA, de onça, gato.	Do	F+	Ad
BIGODES, de gato.	Do	F+	Ad

Dd 6

CHUMBO, derretido.	Dd	E	Frgm.
ESPUMAS.	Dd	EF	Nat.
JACARÉ.	Dd	F–	A
ONDAS, do mar, arrebentando.	Dd	Kob	Nat.
PELE QUEIMADA.	Dd	EF	Frgm.

Dd 7

ALAMEDA, num bosque.	Dd	EF	Nat.
COLUNA, vertebral.	Dd	F–	Anat.

IGREJA,
 porta.   Dd   F–   Arq.

TAÇA,
 de champanha.   Dd   F+   Obj.

Dd 8

CABEÇA,
 de galinha,   Dd   F–   Ad
 de coruja.   Dd   F–   Ad

GANCHOS,
 2.   Dd   F+   Obj.

UNHA,
 de gavião.   Dd   F–   Ad

Dd 9

CABEÇA,
 de cachorro.   Do   F+   Ad

PÉS,
 2.   Do   F–   Hd

Dd 10

PEÇA,
 de xadrez.   Dd   F+   Simb.

RABO,
 aspecto membranoso.   Dd   FE   Ad

VÊNUS,
 de Milo.   Dd   F–   Arte

Dd 11

CANO.   Dd   F–   Obj.

FLECHA.   Dd   F–   Obj.

SILHUETA,
 de um corpo de mulher, com cadeiras
 mais salientes.   Dd   F—   Hd

Dd 12

ÁRABES,
 2, conversando.   Dd   F+   H

BONECO,
 de neve, a cara.   Do   F+   (Hd)

FREIRAS,
    2, conversando.   Dd   F+   H

Dd 13

LAGOS,
    2.   Dd   F—   Geo

RINS,
    2.   Dd   F—   Anat.

Dd 14

CORUJAS,
    2.   Dd   F—   A

DEDO.   Dd   F—   Hd

Dd 15

CARA,
    de um bicho.   Dd   F—   Ad

Dbl 1

PERFIS,
    de homem, 2.   Dbl   F+   Hd

Dbl 2

BORBOLETA.   Dbl   F+   A

Dbl 3

PERFIL,
    de pessoa de meia-idade.   Dbl   F+   Hd

PRANCHA VII

G

ÁGUAS VIVAS,
    uma porção.   G   EF   A

ALAMBIQUE.   G   F–   Obj.

ALICATE,
    para tirar dente.   G   F–   Obj.

ÂNCORA.   G   F–   Obj.

ANIMAL,
    aberto ao meio,   G   F–   Anat.
    esquartejado,   G   F–   Anat.
    a carcaça,   G   F–   Anat.
    visto no microscópio,   G   F±   A
    lendário.   G   F±   (A)

ANIMAIS,
    2, pequenos,   G   F+   A
    de orelha em pé,   G   F+   A
    em cima de uma pedra,   G   F+   A — Cena
    com corpos colados em baixo,   G   F+   A
    preparando-se para comer,   G   F+   A
    brincando,   G   Kan   A

    2 atores fantasiados de animais.   G   K   (H)

ANJOS,
    2, conversando,   G   K   (H)
    anjinhos, representando o vento,
    soprando,   G   K   (H)
    um cartão de Natal.   G   F+   (H)

ARANHA,
(V)   sem patas (incluindo o branco central).   Gbl   F–   A

ARBUSTOS,
    2.   G   F±   Pl

ASAS,
    2, de pássaro,   G   F−   Ad
    só os ossos.   G   F−   Anat.

ATOL.   G   F+   Geo

BAÍA,
    enseada (incluindo o branco central),   Gbl   F+   Geo
    com arquipélago   Gbl   F+   Geo
    com rio desaguando,   Gbl   F+   Geo
    com porto.   Gbl   F+   Geo

BAILADO.   G   K   Cena

BAILARINAS,
    2.   G   K   H
    de *french-can-can*   G   K   (H)
    com chapéu complicado,   G   K   (H)
    africanas,   G   K   (H)
(V)   num minueto,   G   K   H
(V)   de costas uma para a outra,   G   K   H
(V)   de botas.   G   K   (H)

BALANÇO.   G   F+   Obj.

BARBA,
    postiça.   G   F−   Hd

BICHO,
(V)   arrastando-se.   G   Kan   A

BONECOS,
    2, de veludo,   G   FE   (H)
    de gelo, de neve.   G   FE   (H)

BONEQUINHAS,
    2.   G   F+   (H)

BORBOLETA.   G   F−   A

BORRÃO   G   F±   Frgm.
    simétrico.   G   F±   Frgm.

BURRICOS,
    2, em equilíbrio.   G   F+   A — Cena

CABEÇA,
    de um diabo.   G   F−   (Hd)

CABRITOS,
    2.   G   F+   A

PRANCHA VII

CACHORROS,				
2,	G	F+	A	
brincando em cima de uma pedra,	G	Kan	A	— Cena
plantando bananeira,	G	Kan	A	— Cena
num circo, vestidos de baiana,	G	Kan	(A)	
com orelhas bem grandes,	G	F+	A	
de costas um para o outro,				
virando a cabeça,	G	F+	A	
(V) dançando,	G	Kan	A	
(V) nas pontas dos pés,	G	Kan	A	
(V) mordendo um torrão.	G	Kan	A	— Cena
CACTOS,	G	F+	Pl	
sombra de.	G	F+	Pl	
CANDELABRO.	G	F−	Obj.	
CAPACETE,				
de Viking.	G	F−	Simb.	
CARA,				
de animal de chifres,	G	F−	Ad	
de bode,	G	F−	Ad	
de touro,	G	F−	Ad	
de vaca.	G	F−	Ad	
CARANGUEJO,				
siri.	G	F−	A	
CARDO.	G	F±	Pl	
CASTELO,				
de areia.	G	EF	Frgm.	
CÉLULAS.	G	F±	Anat.	
COCAR.	G	F+	Simb.	
COELHOS,				
2,	G	F+	A	
dançando,	G	Kan	A	
olhando-se,	G	F+	A	
de costas,	G	F+	A	
em equilíbrio.	G	F+	A	
COLAR.	G	F+	Obj.	
CONTINENTES,				
2,	G	F±	Geo	
COROA,	G	F+	Simb.	
(V)				

CRIANÇA,
    olhando-se no espelho.   G   K   H

CRIANÇAS,
    2, brincando.   G   K   H

DESENHOS,
    excêntricos.   G   F±   (Arte)

DEUS,
    cheio de braços, estátua.   G   F−   (H)

DRAGÕES,
    2.   G   F+   (A)

ELEFANTES,
    2.   G   F+   A
    de brinquedo.   G   F+   A

EMBLEMA,
    de uma família real.   G   F±   Simb.

ENFEITE,
    arquitetônico, com 2 figuras voltadas
    uma para a outra,   G   F+   Arq.
    com impressão de relevo.   G   FE   Arq.

ENTRADA,
    de um bosque, incluindo o branco central, com efeito de perspectiva.   Gbl   FE(v)   Nat.

ESCULTURA,
    representando 2 pessoas,   G   F+   (H) — Arte
    moderna, relevo.   G   FE   (Arte)

ESTÁTUAS,
    num pedestal,   G   F+   Arte
    de pedra,   G   FE   Arte
    de anjinhos, em relevo,   G   FE   (H) — Arte
    de cupidos, em relevo,   G   FE   (H) — Arte

ESQUELETO,
    parte.   G   F±   Anat.

ESQUILO,
    num espelho.   G   F+   A

FLOCOS,
    de algodão.   G   EF   Frgm.

FIGURA,
    abstrata.   G   F±   Abstr.

PRANCHA VII

FLOR,
(V)   inacabada.   G   F±   Pl

FLORES,
    arrumação.   G   F±   Pl

FOGO-FÁTUO (em movimento).   G   Kob   Frgm.

FOLHAS,
    de planta.   G   F±   Pl

FORNO.   G   F-   Obj.

FUMAÇA.   G   E   Frgm.

FUMAÇAS,
    2, formando caras.   G   EF   Frgm.

GELEIRA.   G   EF   Nat.

GELO,
    blocos,   G   EF   Frgm.

GOLFO,
    do México.   G   F-   Geo

GRUTA, (incluindo o branco central),
    entrada,   Gbl FE(v) Nat.
    saída.   Gbl FE(v) Nat.

HOMENS,
    2, em cima de uma pedra,   G   K   H
    plantando bananeira.   G   K   H

ÍDOLO,
    religioso.   G   F-   Simb.

ILHA,
    de coral.   G   F+   Geo

ILHAS.   G   F±   Geo

INTESTINO,
    parte final.   G   F-   Anat.

ÍSTMO.   G   F±   Geo

JARRO.   G   F-   Obj.

LIRA.   G   F+   Obj.

LIXO.   G   F±   Frgm

LUGAR,
    alegre e festivo (pelo aspecto fofo). G   EF   Abstr.

MACAQUINHOS,
    2, em cima de 2 pedras,   G   F+   A
    brincando e pulando.   G   Kan   A

MAPA,   G   F±   Geo
    de aerofotogrametria,   G   F±   Geo
    com ponte,   G   F±   Geo
    com arquipélago,   G   F+   Geo
    com golfo,   Gbl   F+   Geo
    representando o continente americano,   G   F−   Geo
    representando uma cordilheira,   G   F±   Geo
    representando uma região glacial,   G   FE   Geo
    representando uma região de lagos.   G   F±   Geo

MAPAS,
    esparsos.   G   F±   Geo

MEMBRANA,
    partida.   G   F±   Anat.

MENINAS,
    2, olhando uma para a outra,   G   K   H
    com coques altos,   G   K   H
    em cima de pedras.   G   K   H

MESA,
    com 2 cadeiras.   G   F−   Obj.

MONTANHAS,   G   F±   Nat.
    vistas do alto,   G   F±   Nat.
    com vale no meio (o branco), e impressão de relevo.   Gbl   FE   Geo

MULHER,
    de 2 cabeças.   G   F−   H

MULHERES,
    2, olhando-se,   G   K   H
    em caricatura,   G   F+   H
    conversando,   G   K   H
    sentadas,   G   K   H
(V)   dançando,   G   K   H
    velhinhas de costas,   G   K   H
    equilibrando algo na cabeça,   G   K   H
    2 madamas xingando-se.   G   K   H

NEVE,
    blocos,   G   EF   Frgm.
    já derretida.   G   EF   Frgm.

NUVENS,	G	F±	Frgm.
lembrando algodão,	G	EF	Frgm.
de chuva,	G	EF	Frgm.
cinzentas,	G	EF	Frgm.
formando casualmente,			
um desenho simétrico,	G	FE	Frgm.
(V) nuvens.	G	F±	Frgm.
ÓRGÃO			
do corpo humano.	G	F±	Anat.
OSSO,			
da bacia.	G	F−	Anat.
PALHAÇOS,			
2,	G	K	H
PAPEL,			
rasgado,	G	F±	Frgm.
queimado.	G	EF	Frgm.
PASSO,			
de dança.	G	K	Cena
PEDRA.	G	F±	Frgm.
PEDRAS,			
superpostas,	G	F±	Frgm.
agrupadas,	G	F±	Frgm.
em equilíbrio.	G	F±	Frgm.
PEIXES,			
2,	G	F−	A
brincando num aquário.	G	Kan	A
PELE,			
de animal,	G	F−	Ad
recortada.	G	F±	Frgm.
PESSOA,			
muito gorda.	G	K	H
PESSOAS,			
2, exatamente iguais,	G	K	H
olhando-se,	G	K	H
num balanço,	G	K	H
fazendo ginástica,	G	K	H
em cima de um pedestal,	G	K	H
dançando.	G	K	H
PICADEIRO,			
de circo, com demonstração.	G	Kan	Cena

PISCINA,
    natural (incluindo o branco central).   Gbl   F+   Nat.

PLANTA,
    debaixo d'água.   G   EF   Pl

RABO,
    de pássaro.   G   F−   Ad

RAIZ
    de gengibre,   G   F+   Pl
    de inhame.   G   F±   Pl

REPRESA,
    (incluindo o branco central).   Gbl   F+   Nat.

SAPO.
(V)   G   F−   A

SERES,
    estranhos.   G   F±   (H)

SÍMBOLO.   G   F±   Simb.

SOLDADO,
    de capacete (o branco central), andando no nevoeiro.   Gbl   K   Cena

TREPADEIRA.   G   F±   Pl

TÚNEL,
(V)   (incluindo o branco central).   Gbl   FE(v)   Nat.

URSINHOS,
    2.   G   F+   A

D 1

ACIDENTE,
    geográfico.   D   F±   Geo

ANIMAIZINHOS,
    2, bichinhos.   D   F+   A   Ban

ANJINHOS,
    2, voando,   D   K   (H)
    pintura de igreja.   D   F+   Arte

BONECOS,
    2.   D   F+   (Hd)

BRINQUEDOS,
    em forma de bichinhos.   D   F+   Obj

PRANCHA VII

BURRINHOS,
    2.   D   F+   A   Ban

CABRITINHOS,
    2, pulando.   D   Kan   A   Ban

CACHORROS,

2,	D	F+	A	Ban
olhando um para o outro,	D	F+	A	Ban
pequenos,	D	F+	A	Ban
brincando,	D	Kan	A	Ban
pulando,	D	Kan	A	Ban
de pelúcia,	D	FE	(A)	Ban
de brinquedo.	D	F+	(A)	Ban

CAMAFEU,
    em relevo.   D   FE   Arte

CARICATURAS,
    de 2 homens barbados, com touca.   D   F+   (Hd)

COELHOS,

2, coelhinhos,	D	F+	A	Ban
de feltro,	D	FE	(A)	Ban
como fantoches,	D	F+	(A)	Ban
brincando.	D	Kan	A	Ban

CRIANÇAS,
    2, busto.   D   F+   Hd

ELEFANTES,

2, de circo em movimento.	D	Kan	A	Ban
de costas.	D	F+	A	Ban

ESQUILOS,
    2.   D   F+   A   Ban

GATINHOS,

2,	D	F+	A	Ban
peludinhos.	D	FE	A	Ban

ÍNDIOS,
    2, busto.   D   F+   Hd

JUMENTINHOS,
    2.   D   F+   A   Ban

LEÕES,

2,	D	F+	A	Ban
ajoelhados,	D	F+	A	Ban
plantando bananeira.	D	Kan	A	Ban

MÃOS,
    4.   D   F–   Hd

MAPAS,
    2,   D   F±   Geo
    do Brasil,   D   F–   Geo
(>)   da América Central.   D   F–   Geo

MENINAS,
    2, busto.   D   F+   Hd

MENINOS,
    2, fazendo careta.   D   F+   Hd

MOÇAS,
(V)   2, com cabelo em coque,   D   F+   Hd
    com vestido escocês,
    sem cabeça.   D   F+   H

MONTANHAS,
(>)   D   F±   Nat.

MULHERES,
    2, busto,   D   F+   Hd
    conversando.   D   F+   Hd

NEGRINHOS,
    2, mostrando a língua.   D   F+   Hd

NUVENS.   D   F+   Frgm.

PEIXES,
    2.   D   F+   A

PESSOAS,
    2,   D   F+   Hd
    em escultura, de pedra,   D   FE   (H)
(V)   correndo.   D   K   H

PORCO,
    do mato, um de cada lado.   D   F+   A   Ban

URSINHOS,
    2, de brinquedo.   D   FE   (A)   Ban

VELHAS,
    2.   D   F+   Hd

D 2

ABDÔMEN,
    e região anal.   D   F–   Anat.

ANIMAL.   D   F±   A

PRANCHA VII

ASA.	D	F–	Ad
BORBOLETA,	D	F+	A
de asas abertas,	D	F+	A
mal desenhada,	D	F+	A
voando.	D	Kan	A
CABEÇA,			
de **fox-terrier**,	D	F+	Ad
(V) de cavalo,	D	F+	Ad
de cavalo de jogo de xadrez,	D	F+	Simb.
de leão.	D	F+	Ad
CABRITOS,			
2, que se chocam.	D	Kan	A
CANAL,			
numa planície.	D	F±	Geo
COLUNA,			
vertebral e bacia.	D	F–	Anat.
COMPORTA,			
de rio (incluindo o branco).	DDbl	F+	Arq.
HEMISFÉRIOS			
cerebrais.	D	F–	Anat.
ILHAS.	D	F±	Geo
MAPA,	D	F±	Geo
da Espanha,	D	F–	Geo
de Minas Gerais.	D	F–	Geo
MESINHAS.			
2.	D	F–	Obj.
MOÇAS,			
2, com cabelo longo, cara.	D	F–	Hd
MONTANHA.			
(V)	D	F±	Geo
MORCEGO	D	F–	A
NUVENS,	D	F±	Frgm.
desfazendo-se,	D	EF	Frgm.
(V) de explosão.	D	F–	F·
ÓRGÃOS,			
2.	D	F±	Anat.

PEÇA,
    de metal.   D   F±   Frgm.

PEIXES-BOLAS,
(V)   D   F–   A

PULMÕES.   D   F–   Anat.

RADIOGRAFIA,
    da bacia,   D   F–   Anat.
    do corpo humano.   D   F–   Anat.

SAPATINHOS,
    de lã.   D   FE   Obj.

SAPO,
    parte traseira.   D   F–   Ad

TARTARUGAS,
    2.   D   F–   A

TÓRAX.   D   F–   Anat.

TRAVESSEIROS,
    2.   D   FE   Obj.

VULCÃO,   D   F–   Nat.
(V)   corte

D 2a

BERÇO,   D   F–   Obj.

CACHORROS,
    cheirando-se.   D   F–   A

CHAVE.   D   F–   Obj.

MONTANHAS,   D   F±   Nat.

NUVENS,
    de chuva.   D   FE   Frgm.

D 3

ANIMAL,
    pré-histórico, um de cada lado,   D   F+   (A)
    de borracha.   D   F+   (A)

ANJOS,
    2, cabeça.   D   F+   (Hd)

PRANCHA VII

CABEÇAS,
    2, de um animal qualquer,   D   F+   Ad
    de cachorro,   D   F+   Ad
    de elefante,   D   F+   Ad
    de gorila,   D   F+   Ad
    de gato,   D   F+   Ad
    de macaco,   D   F+   Ad
    de coelho,   D   F+   Ad
    de pessoa.   D   F+   Hd

CARAS,
    2, de mulheres,   D   F+   Hd
    com rabo de cavalo,   D   F+   Hd
    falando "fofocas".   D   F+   Hd

CARICATURAS,
    2.   D   F+   (Hd)

COBRAS,
    2, dançando saindo de um pote.   D   Kan   A

CRIANÇAS,
    2, com rabo de cavalo.   D   F+   Hd

DINOSSAURO,
    um de cada lado.   D   F+   A

DUENDES,
    2.   D   F+   (Hd)

GATO,
    um de cada lado.   D   F+   A

GELO.   D   EF   Frgm.

MÃO,
    indicando alguma coisa.   D   F−   Hd

MÁSCARAS,
    2, com expressão jocosa.   D   F+   (Hd)

MOÇAS,
    2, garotas, a cara,   D   F+   Hd
    com coque enfeitado,   D   F+   Hd
    com penas na cabeça.   D   F+   Hd

NEGRINHAS,
    2.   D   F+   Hd

PEDRA.   D   F±   Frgm.

PEIXES,
    2.   D   F+   A

PESSOAS,
    2, a cara,   D   F+   Hd
    de aspecto feio,   D   F+   Hd
    querendo beijar-se.   D   F+   Hd

Dd 1

BOBO,
    da corte (a cara).   Dd   F+   (Hd)

BOTAS,
    com as pontas viradas.   Dd   F−   Obj.

CABEÇA,
    de cachorro, um de cada lado,   Dd   F+   Ad
(>)   de elefante,   Do   F+   Ad
    de leão, pela juba,   Dd   F+   Ad
    de coelho.   Dd   F+   Ad

CORPO,
    de cachorro,   Do   F+   Ad
    de elefante.   Do   F+   Ad

DENTE,
    com raiz.   Dd   F−   Anat.

MÃO,
    com polegar para fora.   Dd   F−   Hd

MAPA,   Dd   F±   Geo
    do Piauí.   Dd   F−   Geo

MÁSCARA,
    de carnaval,   Dd   F+   (Hd)
    com trombas.   Dd   F+   (Hd)

ROSTOS,
    2, de criança.   Dd   F+   Hd
    de pessoa com barba.   Dd   F+   Hd

Dd 2

CANAL.   Dd   F+   Geo

CAPELA.   Dd   F−   Arq.

CÓCCIX.   Dd   F−   Anat.

DOBRADIÇA.   Dd   F+   Obj.

ESPINHA,
    dorsal.   Dd   F−   Anat.

ESTREITO.   Dd   F+   Geo.

FIGURA, de Miss com mantô escuro.	Dd	FC'	H
FRASCO, de acetileno, produzindo neblina.	Dd	EF	Obj.
HOMEM, caminhando.	Dd	Kp	H
ÓRGÃO, genital feminino.	Dd	F+	Sexo
PESSOA, muito magra.	Dd	F+	H
SARCÓFAGO.	Dd	F–	Obj.
VAGINA.	Dd	F+	Sexo

Dd 3

BOCA, de peixe, aberta.	Do	F+	Ad
CARA, de gato,	Do	F+	Ad
de macaco.	Do	F+	Ad
FOCINHOS, 2, de leão,	Do	F+	Ad
de gato,	Do	F+	Ad
de cachorro,	Do	F+	Ad
de porco.	Do	F+	Ad
LITORAL, do Brasil,	Dd	F–	Geo
da África.	Dd	F–	Geo
MORRO, (>) cheio de neve.	Dd	EF	Nat.
PERFIS, 2, de pessoa,	Do	F+	Hd
de homem,	Do	F+	Hd
de mulher,	Do	F+	Hd
de figura fantástica.	Do	F+	(Hd)

Dd 4

ABAJUR.	Dd	F–	Obj.
ARQUITETURA.	Dd	F–	Arq.

CABEÇA,
    de pássaro,   Dd   F–   Ad
    de coruja.   Dd   F–   Ad

CANHÃO,
    de fogo, com fumaça.   Dd   FE   Obj.

CASA,
    ou castelo.   Dd   F–   Arq.

COELHO,
    de desenho animado, a cara.   Dd   F–   (Ad)

DELTA,
    de um rio.   Dd   F–   Nat.

ESCUDO,
    da aeronáutica.   Dd   F–   Simb.

ESTÁTUAS,
    2.   Dd   F+   Arte

Dd 5

BRAÇOS,
    2.   Do   F+   Hd

CABEÇA,
    de cobra.   Dd   F–   Ad

JACARÉ,
    cabeça.   Dd   F–   Ad

ORELHA,
    de cachorro.   Do   F+   Ad

PATA,
    de cachorro.   Do   F+   Ad

PESCOÇO,
    de galinha.   Dd   F–   Ad

POLEGARES,
    2.   Do   F+   Hd

Dd 6

CABOS.   Dd   F±   Geo

CACHORRINHO,
    em pé.   Dd   F–   A

COGUMELO,
    atômico.   Dd   EF   Frgm.

FIGA.		Dd F−	Simb.
LITORAL,			
	península.	Dd F±	Geo
RABO,			
	de gato.	Do F+	Ad
ROSTOS,			
	2, de pessoa.	Dd F−	Hd

Dd 7

CABEÇA,			
	de cachorro,	Do F+	Ad
	de passarinho,	Dd F−	Ad
	de raposa,	Do F+	Ad
	de homem.	Do F+	Hd

Dd 8

CABEÇA,			
	de passarinho.	Dd F−	Ad
DENTES,			
	de cobra,	Dd F+	Ad
	de animal.	Dd F+	Ad
PICOS,			
	de serra.	Dd F±	Frgm.
SALIÊNCIAS,			
	rochosas.	Dd F±	Frgm.

Dd 9

ESQUILOS,			
	2.	Dd F−	A
ESTÔMAGO.		Dd F−	Anat.

Dd 10

ARQUIPÉLAGO.			
	o contorno.	Dd F±	Geo

Dbl 1

ABAJUR.			
(∨)		Dbl F+	Obj.
AÇUDE.		Dbl F+	Nat.

AMPULHETA. | Dbl | F+ | Obj.
BAÍA. | Dbl | F+ | Geo
CASCO,
    de navio. | Dbl | F+ | Obj.
COGUMELO.
(∨) | Dbl | F+ | Pl
GARRAFA,
    de cristal, com tampa. | Dbl | F+ | Obj.
(∨)
GRUTA,
    caverna. | Dbl | F+ | Nat.
(∨)
LAGO. | Dbl | F+ | Geo
LEQUE.
(∨) | Dbl | F+ | Obj.
MAÇANETA.
(∨) | Dbl | F+ | Obj.
MAR. | Dbl | F+ | Nat.
PAGODE,
    chinês.
(∨) | Dbl | F+ | Arq.
PONTA,
(∨)   de flecha. | Dbl | F+ | Obj.
SOLDADO,
(∨)   ombros, gola, capacete. | Dbl | F+ | Hd
VASO,
(∨) | Dbl | F+ | Obj

Dbl 2

ROSTO,
    de mulher, | Dbl | F+ | Hd
    de um rei medieval,
    com barba grande. | Dbl | F+ | Hd

Dbl 3

TOUPEIRA,
    de boca aberta. | Dbl | F+ | Ad

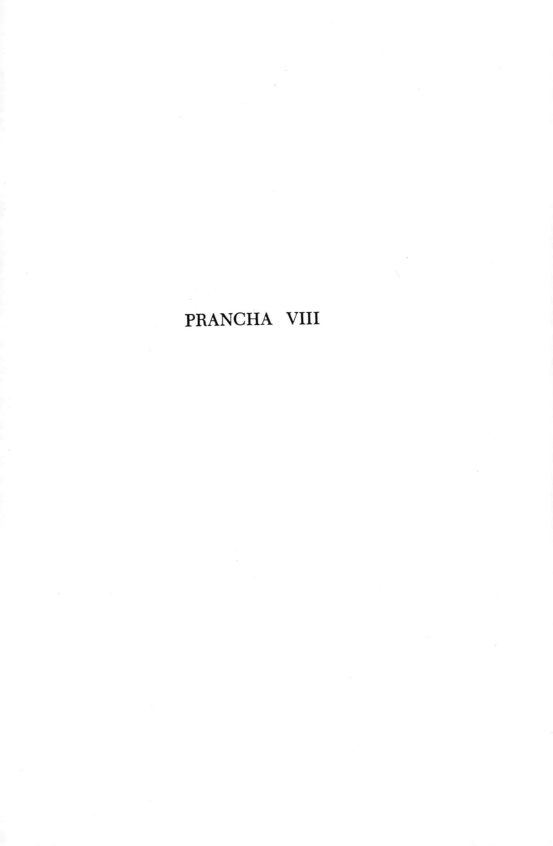

PRANCHA VIII

G

ABAJUR,
    colorido.   G   FC   Obj.

AÇUCAREIRO.   G   F+   Obj.

ALEGORIA,
    em tons suaves.   G   CF   Abstr.

AMBIENTE,
    alegre, que passou do lúgubre, para o festivo.   G   C   Abstr.

ANATOMIA,
    gráfico colorido.   G   CF   Anat.

ANIMAL,
(>)   parado às margens de um rio, refletindo-se na água,   G   F+   A   Ban
    tentando atravessar o rio,   G   Kan   A   Ban
    bebendo, em cima de pedras coloridas, refletindo-se.   G   FC   A   Ban

ANIMAL,
    gigantesco, em cima de uma árvore.   G   F–   A

ANIMAIS,
    2, cheirando uma flor (a cor ajudando),   G   FC   A   Ban
    tentando escalar uma montanha,   G   Kan   A   Ban
    tentando subir numa árvore,   G   Kan   A   Ban
    comendo folhagem.   G   FC   A   Ban

ANSEIO,
    de vida.   G   C   Abstr.

ARANHA,
    comendo uma mosca, com uma teia colorida.   G   FC   A

ARQUIPÉLAGO.   G   F±   Geo

ARRAIA.   G   F–   A

AUTOMÓVEL,
    de corrida.   G   F–   Obj.

BACIA,
    humana, o esqueleto,   G   F–   Anat.
    com a espinha dorsal.   G   F–   Anat.

BAILADO,
    de cores.   G   C   Abstr.

BICHINHOS,
    pintados em arte moderna.   G   FC   Arte

BOLO,
    enfeitado.   G   FC   Alim.

BORBOLETAS,
    3, de cores diferentes,   G   FC   A
    voando.   G   Kan   A

BRASÃO, EMBLEMA, ESCUDO,   G   F+   Simb.
    antigo, colorido,   G   FC   Simb.
    de uma cidade,   G   FC   Simb.
    de um país,   G   FC   Simb.
    de uma família nobre,   G   FC   Simb.
    de uma corporação,   G   FC   Simb.
    com 2 bichos de lado,   G   FC   Simb.   Ban
    com duas lebres de lado,   G   FC   Simb.   Ban
    com 2 leões de lado,   G   FC   Simb.   Ban
    com duas raposas de lado,   G   FC   Simb.   Ban
    com dois tigres de lado,   G   FC   Simb.   Ban
    com dois ursos de lado.   G   FC   Simb.   Ban

CACHORROS,
    2, andando numa pedreira.   G   Kan   A   Ban

CAFETEIRA,
    colorida.   G   FC   Obj.

CAFIFA.   G   FC   Obj.

CALEIDOSCÓPIO.   G   CF   Obj.

CANDELABRO,
    antigo.   G   F–   Obj.

CAPACETE.   G   F+   Obj.

CARA,
    de pessoa.   G   F–   Hd

CARANGUEJOS,
    sapos e camarões, tudo junto.   G   F–   A

CARNAVAL,	G	C	Abstr.	
alegoria carnavalesca.	G	CF	Arte	
CARNEIRO,				
(>) olhando-se no lago.	G	F+	A	Ban
CASA,				
chinesa, pelas cores.	G	CF	Arq.	
CASTOR,				
(>) olhando-se no lago.	G	F+	A	Ban
COLUNA,				
ornamental, o topo.	G	F–	Arq.	
COMPOTEIRA,				
com sorvete.	G	FC	Alim.	
CORAÇÃO,				
pelas cores.	G	CF	Anat.	
COROA,				
colorida.	G	FC	Simb.	
CORTE,				
de tecido do corpo humano.	G	CF	Anat.	
COTIA,				
caminhando sobre rochas,				
(>) na beira d'água,	G	Kan	A	Ban
(∧) subindo um morro.	G	Kan	A	Ban
COUVE-FLOR.	G	F–	Alim.	
DESENHO,				
qualquer.	G	CF	(Arte)	
DOENÇA,				
na pele, lâmina colorida.	G	CF	Anat.	
ENFEITE,				
colorido, para árvore de Natal.	G	CF	Obj.	
ESQUELETO,				
humano,	G	F–	Anat.	
de animal já deteriorado,	G	F±	Anat.	
(>) de peixe,	G	F–	Anat.	
de marsupial, em cores.	G	FC	Anat.	
ESQUILOS,				
2, trepados numa árvore verde,	G	FC	A	Ban
subindo numa geleira.	G	Kan	A	Ban
brincando em redor da árvore.	G	Kan	A	Ban

ESTANDARTE,
(V)   com plumas coloridas.   G   CF   Simb.

FEITICEIRO,
diante de uma fogueira, com 2 ratos
ao lado.   G   K   H — Cena

FELICIDADE.   G   C   Abstr.

FLOR,   G   F+   Pl
colorida,   G   FC   Pl
sobretudo pelas cores,   G   CF   Pl
um pouco estranha,   G   CF   Pl
parecendo orquídea,   G   FC   Pl
cortada ao meio.   G   FC   Pl

FOGOS,
(V)   de artifício explodindo.   G   Kob   Arte

FOLHA,
verde.   G   FC   Pl

GALERA,
antiga.   G   F-   Obj.

GAMBÁS,
2, subindo numa árvore.   G   Kan   A   Ban

GASES,
subindo depois que o foguete partiu.   G   Kob   Frgm.

HIENAS,
2, caminhando numas rochas.   G   Kan   A   Ban

INCÊNDIO,
de uma floresta.   G   CF   Nat.

IRRADIAÇÃO,
atômica.   G   C   Frgm.

JARDIM,
visto de cima.   G   CF   Nat.

JARRO.   G   F-   Obj.

LAGARTOS,
2, subindo uma árvore,   G   Kan   A   Ban
correndo de um incêndio em direção
à água.   G   Kan   A–Cena   Ban

LAGO,
com plantas e bichos.   G   FC   Nat.

LAMPIÃO.		G	FC	Obj.
LONTRAS,	2, em lugar gelado.	G	FC	A	Ban
LUSTRE.		G	FC	Obj.
MACACOS,	2, subindo na árvore.	G	Kan	A	Ban
MAPA,	plástico do corpo humano,	G	CF	Anat.
	de um feixe de nervos.	G	FC	Anat.
MARTAS,	2, subindo num pinheiro.	G	Kan	A	Ban
MÁSCARA,	de baile.	G	FC	Másc.
MICROSCÓPIO,	visão de uma bactéria.	G	CF	Anat.
MONUMENTO.		G	F+	Arq.
NEVE,	uma paisagem (incluindo os brancos intermaculares).	Gbl	FC'	Nat.
OLHO,	em corte.	G	F—	Anat.
ONÇA, (>)	refletindo-se num lago.	G	F+	A	Ban
ÓRGÃOS,	de um ser humano.	G	FC	Anat.
PAISAGEM,	submarina,	G	CF	Nat.
	irreal.	G	CF	Nat.
PARTE,	qualquer do corpo humano.	G	F±	Anat.
PELE,	de animal.	G	F—	Ad
PEIXE,	meio descamado, a cor ajudando.	G	FC	Anat.
PIÃO,	rodando.	G	Kob	Obj.

PINTURA,
    moderna,   G   CF   (Arte)
    de 2 felinos,   G   FC   (A)   Ban
    de uma gruta pré-histórica, com 2 animais.   G   FC   Arte   Ban

PIPA.   G   FC   Obj.

POÇAS,
    d'água, com vários tipos de drenagem (incluíndo os brancos intermaculares).   Gbl   F±   Nat.

PRIMAVERA,
    pelo conjunto de cores.   G   C   Abstr.

PROA,
    de um navio fantasma.   G   FC   Obj.

QUADRO,
    mítico,   G   CF   Arte
    de balé moderno.   G   FC   Arte

RADIOGRAFIA,
    colorida,   G   CF   Anat.
    do pulmão.   G   CF   Anat.

RAPOSAS,
    2, andando pelo campo.   G   Kan   A   Ban

RATAZANAS,
    2, tentando subir no cume.   G   Kan   A   Ban

RATOS,
    2, subindo numa árvore.   G   Kan   A   Ban

RECIPIENTE,
    de sabão líquido.   G   FC   Obj.

REFLEXOS,
    na água.   G   C   Nat.

ROSTO,
    de palhaço todo pintado (incluindo os brancos intermaculares).   Gbl   CF   (Hd)

SOL,
    com arco-íris.   G   CF   Nat.

SOPEIRA.   G   FC   Obj.

SORVETE.   G   CF   Alim.

TAÇA,
    com sorvete transbordando.   G   FC   Alim.

TIGRE,
(>)   mirando-se nas águas,   G   F+   A   Ban
     subindo um bloco de pedra,   G   Kan   A   Ban
     pulando de uma pedra para outra,   G   Kan   A   Ban
     caminhando para beber água,   G   Kan   A   Ban
(∧)   subindo a encosta de uma montanha.   G   Kan   A   Ban

TINTAS,
     misturadas.   G   CF   Frgm.

TÓRAX,
     humano, o interior.   G   FC   Anat.

URSOS,
     2, tentando subir uma geleira,   G   Kan   A   Ban
     escalando rochas,   G   Kan   A   Ban
     numa árvore coberta de gelo.   G   Kan   A   Ban

VASO.   G   F—   Obj.

VEGETAL,
     submarino com animais em volta.   G   FC   Pl   —A

D 1

ANIMAIS,
     2, Bichos,   D   F+   A   Ban
     subindo,   D   Kan   A   Ban
     andando,   D   Kan   A   Ban
     pulando,   D   Kan   A   Ban
     pisando de mansinho,   D   Kan   A   Ban
     atravessando um abismo etc.   D   Kan   A   Ban

Os animais podem ser:
     BÚFALOS,
     CACHORROS,
     CAMALEÕES,
     CAPRINOS,
     CASTORES,
     COELHOS,
     COTIAS,
     ESQUILOS,
     FERAS,
     HIENAS,
     JAVALIS,
     LAGARTOS,
     LONTRAS,

>LEÕES,
>LOBOS,
>ONÇAS,
>PORCOS,
>PORQUINHOS da Índia,
>QUADRÚPEDES, quaisquer,
>RAPOSAS,
>RATOS, RATAZANAS,
>ROEDORES, quaisquer,
>TAMANDUÁS,
>URSOS.

ESTÁTUAS,
>2.   D   F±   Arte

FETOS,
>2, de animal.   D   F+   Anat.

INSETOS,   D   F±   A
>2.

MONSTROS,
>2.   D   F±   (A)

SAPOS,
>2.   D   F—   A

TUCANOS,
>2.   D   F—   A

D 2

ABRIGO,
>de pele.   D   FE   Obj.

ANIMAL,
>partido ao meio, aparecendo o sexo.   D   F—   Sexo

ANIMAIS,
>2, fossilizados.   D   F±   A

BACIA.   D   F—   Anat.

BLUSA,
>de duas cores.   D   FC   Obj.

BORBOLETA,   D   F+   A
>(V)   colorida,   D   FC   A
>   voando.   D   Kan   A

BORBOLETAS,
    2.   D   F+   A

BUSTO,
    de pessoa,   D   F—   Hd
(V)   de alguém com ombros encolhidos.   D   F—   Hd

CABEÇA,
    de um velho,   D   F—   Hd
    de duas pessoas olhando para cima.   D   F—   Hd

CASAQUINHO,
    de mulher.   D   F—   Obj.

CASTOR,
    debaixo d'água.   D   F—   A

CÉLULA.   D   CF   Anat.

CORUJA.   D   F—   A

DESENHO,
    de propaganda médica.   D   CF   Anat.

DOCE,
    de gelatina.   D   CF   Alim.

ENFEITE.   D   CF   Obj.

FLOR,   D   F+   Pl
    pela cor,   D   CF   Pl
    exótica, colorida,   D   FC   Pl
    amor-perfeito,   D   F+   Pl
    boca de leão,   D   FC   Pl
    rosa,   D   CF   Pl
    orquídea,   D   CF   Pl
    pétalas.   D   FC   Pl

FOGOS,
    de artifício estourando.   D   Kob   Arte

FOGUEIRA,
    com labaredas.   D   CF   Fogo

FOLHAGEM,
    de cor.   D   CF   Pl

GARGANTA,
    parte interna.   D   CF   Anat.

JARDIM.   D   CF   Pl

JORNAL,
    aberto.   D   F—   Obj.

MÚSCULOS,
    a cor.   D   CF   Anat.

NUVENS,
    iluminadas pelo sol.   D   CF   Nat.

ÓRGÃO,
    do corpo humano,   D   F±   Anat.
    sexual feminino,   D   F—   Sexo
    sexual feminino pelo colorido.   D   FC   Sexo

OSSOS,
    do quadril,   D   F—   Anat.
    coloridos.   D   FC   Anat.

PARTE,
    do corpo humano.   D   F±   Anat.

PEDRAS,   D   F±   Frgm.
    preciosas,   D   CF   Frgm.
    de cristal de rocha.   D   CF   Frgm.

PEIXINHOS,
    2, dourados.   D   CF   A

PINTOS,
    4.   D   F—   A

PLANTA,
    com folhas grandes e coloridas.   D   CF   Pl

POR,
    de sol.   D   C   Nat.

PULMÃO,   D   F—   Anat.
    pela cor.   D   CF   Anat.

ROCHAS,   D   F±   Frgm.
    coloridas,   D   CF   Frgm.
    iluminadas pelo sol da tarde.   D   CF   Frgm.

SAPOS,
    2.   D   F—   A

SORVETE.   D   CF   Alim.

SUÉTER,
    de duas cores.   D   FC   Obj.

TINHORÃO.   D   FC   Pl

TINTA,
    de cores.   D   C   Frgm.

PRANCHA VIII

D2 a

ANIMAL.	D	F±	A
ÁRVORE, de Natal, com vaso embaixo.	D	F+	Simb.
BOCA, de peixe-espada, o céu.	D	F—	Ad
CARCAÇA, de animal.	D	F—	Anat.
CASA, chinesa, pelas cores.	D	CF	Arq.
CASCATA.	D	Kob	Nat.
CAVERNA, com gelo.	D	CF	Nat.
CONCHA, da Shell.	D	F—	Simb.
CORPO HUMANO,			
parte interna,	D	FC	Anat.
órgãos do,	D	F±	Anat.
tronco e abdômen,	D	F—	Anat.
com aparelho genito-urinário.	D	F—	Sexo
DESENHO,			
moderno,	D	CF	(Arte)
para medicina.	D	CF	Anat.
ESQUELETO,			
humano,	D	F—	Anat.
com a espinha.	D	F—	Anat.
FLECHA.	D	F—	Obj.
FOGUETE, subindo, largando fogo.	D	Kob	Obj.
FOLHA, a cor ajudou.	D	FC	Pl
MONTANHAS, a cor ajudou.	D	FC	Nat.
PAISAGEM, vista de avião.	D	CF	Nat.
PEDRAS, no mar,	D	CF	Frgm.

PEIXE.	D	F—	A
PINTURA,			
moderna.	D	CF	(Arte)
ROUPAS,			
(>) secando.	D	F±	Obj.
TERRA,			
cortada por vários canais, (os brancos intermaculares).	DDbl	FC	Nat.

D 2b

BORBOLETAS,			
3, pela cor.	D	CF	A
DESENHO,			
ultra moderno.	D	CF	(Arte)
ESQUELETO.	D	F—	Anat.
ÓRGÃOS,			
coloridos.	D	CF	Anat.
PULMÕES,	D	F—	Anat.
com rins.	D	F—	Anat.
TÓRAX,			
a parte interna.	D	F—	Anat.
TRONCO,			
a fotografia colorida.	D	CF	Anat.

D 3

ÁGUIA.	D	F—	A
ANIMAL,			
pré-histórico.	D	F±	A
ÁRVORE,	D	F+	Pl
de Natal, enfeitada,	D	FC	Simb.
pela cor verde, também,	D	FC	Pl
cipreste,	D	FC	Pl
pinheiro,	D	FC	Pl
com neve (o branco),	DDbl	FC	Pl
copa,	D	F+	Pl
galhos,	D	F+	Pl
tronco,	D	F—	Pl
raiz.	D	F—	Pl

PRANCHA VIII

ASAS,
    de Ícaro.   D   F—   Simb.

AVIÃO,   D   F—   Obj.
    ou disco voador,   D   F—   Obj.
    voando.   D   Kob   Obj.

BARRACA,
    de praia.   D   F—   Obj.

CAMALEÕES,
    subindo em algo.   D   Kan   A

CANGURU.   D   F—   A

CARANGUEJO.   D   F—   A

CASA,
    japonesa.   D   F—   Arq.

CHAPÉU,
    de palha.   D   F—   Obj.

COROA.   D   F—   Simb.

ESCORPIÕES,
    2.   D   F—   A

GARRAS.   D   F—   Ad

GELEIRA,
    pela cor.   D   CF   Nat.

GORRO.   D   F—   Obj.

ICEBERG,
    pela tonalidade.   D   CF   Nat.

IGREJA,
    em cima de um monte.   D   F+   Arq.

LAGARTAS,
    2.   D   F—   A

LAGO,
    pela cor.   D   CF   Nat.

LAGOSTAS,
    2.   D   F—   A

MONTE,
    morro, montanha,   D   F+   Nat.
    com castelo em cima.   D   F+   Arq.

MORCEGO,	D	F—	A
voando.	D	Kan	A
PEDRAS.	D	F±	Frgm.
PERNAS,			
de rã.	D	F—	Ad
PINGENTE,			
de gelo.	D	FC	Frgm.
ROCHA,			
com neve (o branco).	DDbl	FC	Frgm.
VULCÃO.	D	F+	Nat.

D 3a

CANGACEIRO,			
(incluindo o Dbl$_1$).	DDbl	F+	Hd
COURAÇA,			
a cor azulada-esverdeada.	D	CF	Obj.
FOLHA,			
seca, comida pelos animais.	D	F±	Pl
HOMEM,			
cabeça e busto (incluindo o Dbl$_1$),	DDbl	F+	Hd
com chapéu tibetano,	DDbl	F+	Hd
com paletó,	DDbl	F+	Hd
sacerdote com chapéu e casaco cinzento,	DDbl	FC	Hd
com raiva, olhando fixo para a frente, é um velho.	DDbl	F+	Hd
MANCHA.	D	CF	Frgm.
MÁSCARA.	D	F+	(Hd)
MONTANHAS,			
rochosas, relevo.	D	FE	Nat.
PAISAGEM,			
de neve (incluindo o Dbl$_3$).	DDbl	C'F	Nat.
PULMÕES.	D	F—	Anat.
REGIÃO,			
geográfica, em relevo.	D	FE	Geo

D 3b

ANIMAIS,			
2, ao lado de um homem com chapéu	D	F+	Cena A — Ban

Dd 1

CORRENTE,
    de água.   Dd   Kob   Nat.

ESPINHA,
	dorsal (incluindo o Dbl_1)	DdDbl	F+ Anat.
	com costelas,	DdDbl	F+ Anat.
	com vértebras.	DdDbl	F+ Anat.

OSSOS,
    formação óssea.   DdDbl   F±   Anat.

VÉRTEBRAS.   DdDbl   F+   Anat.

Dd 2

BUSTO,
    de mármore, colorido.   Dd   FC   Hd — Arte

CABEÇAS,
	de animal,	Dd	F+	Ad
(>)	cachorrinhos,	Dd	F+	Ad
	carneiros,	Dd	F+	Ad
	condor,	Dd	F+	Ad
	leão,	Dd	F+	Ad
	pinto.	Dd	F+	Ad

CEREBELO.   Dd   F—   Anat.

CHIFRES,
    de carneiro muito enrolados.   Dd   F—   Ad

ESFINGE.   Dd   F+   Simb.

GANSOS,
    2.   Dd   F+   A

MONTANHA,
    a cor ajudou.   Dd   FC   Nat.

PEÇA
    de madeira, talhada, em relevo.   Dd   FE   Arte

ROCHAS,
    coloridas.   Dd   CF   Frgm.

Dd 3

AMPULHETA.   Dd   F—   Obj.

BRAÇOS,
    2, com mãos juntas.   Dd   F—   Hd

CASCATA,
    cachoeira.   Dd   Kob   Nat.

COBRA,
    engolindo algum inseto.   Dd   F—   A

CONCHA,
    fechada, cor de abóbora.   Dd   FC   A

EXPLOSÃO,
    atrás de duas ilhas com reflexo na água.   Dd   Kob   Expl.

FOGO.   Dd   C   Fogo

LUZ,
    saindo de um foco.   Dd   CF   Frgm.

MECHAS,
    de cabelo envolto em luz.   Dd   CF   Hd

NUVENS,
    brilhando com a luz solar.   Dd   CF   Frgm.

PÔR-
    de-sol.   Dd   C   Nat.

SEXO,
    feminino.   Dd   F—   Sexo

Dd 4

BANDEIRAS,
    2, coloridas.   Dd   FC   Simb.

BLUSA.   Dd   F+   Obj.

CACHORRINHO,
    de pano.   Dd   F—   (A)

CAMISA,
    esporte.   Dd   F+   Obj.

ESPÁDUA.   Dd   F—   Anat.

FOLHAS,   Dd   F+   Pl
    verde.   Dd   FC   Pl

MAPA.   Dd   F±   Geo

MAR,
    com ilhas, pela cor.   Dd   CF   Nat.

PANO,
    pedaços.   Dd   F±   Frgm.

PRANCHA VIII

PORTÕES, com dobradiças.	Dd	F—	Arq.
SELVA, na primavera.	Dd	CF	Nat.
TRAVESSEIROS, 2, por serem fofos.	Dd	FE	Obj.
VITÓRIA-RÉGIA, as folhas.	Dd	F+	Pl

Dd 5

FIGURAS, humanas, 2, pequenas.	Dd	F—	H
FOGO.	Dd	C	Fogo
ILHOTA, por causa da cor que realça.	Dd	FC	Geo
MANCHA, de água no chão.	Dd	F±	Frgm.
PEDAÇO, de repolho, devido a cor.	Dd	CF	Pl
PEIXES, nadando.	Dd	F+	A
	Dd	Kan	A
SANGUE, pisado.	Dd	CF	Sg.
URSO.	Dd	F—	A

Dd 6

ASAS, de borboleta.	Do	F+	Ad
BACIA, humana.	Dd	F—	Anat.
CABEÇA, de camelo.	Dd	F—	Ad
FOLHAGENS.	Dd	F±	Pl
MONTANHA, de gelo, pelos reflexos.	Dd	EF	Nat.
MORROS, 2, escarpados.	Dd	F±	Nat.

OSSOS.	Dd	F—	Anat.
PEDRAS,			
coloridas.	Dd	CF	Frgm.
PICOS,			
2.	Dd	F±	Nat.
SAPOS,			
a cara.	Dd	F—	Ad

Dd 7

ALICATE,			
ponta.	Dd	F—	Obj.
ARQUIPÉLAGO.	Dd	F—	Geo
CABEÇA,			
de raposa.	Dd	F—	Ad
CATEDRAL,			
castelo, em cima de um monte.	Dd	F+	Arq.
DEDOS,			
esqueleto,	Dd	F—	Anat.
apontando para cima.	Dd	F—	Hd
OBJETO,			
de pedra lascada.	Dd	F±	Obj.
REI e RAINHA,			
em cima de um morro.	Dd	F—	H

Dd 8

ESTALACTITE.	Dd	F—	Frgm.
LAGARTA,			
colorida.	Dd	FC	A
MINHOCA.	Dd	F—	A
TECIDOS			
humanos.	Dd	F±	Anat.

Dd 9

ALFACE,			
folha.	Dd	F±	Pl
ASAS,			
de anjo, coloridas.	Dd	FC	Simb.
BACIA,			
radiografia.	Dd	F—	Anat.

Dd 10
BOCA,
    de homem.   Dd   F—   Hd

CRATERA,
    de vulcão.   Dd   F—   Nat.

Dd 11
COLAR.   Dd   F—   Obj.
ESTRIBO.   Dd   F—   Obj.

Dd 12
CHAVES,
    2.   Dd   F—   Obj.

Dd 13
DRAGÕES,
    2.   Dd   F—   (A)

Dd 14
CABEÇA,
    de cobra.   Dd   F—   Ad

Dd 15
CABEÇA,
    de escorpião.   Dd   F—   Ad

Dbl 1
BOCA,
    com bigode.   Dbl   F—   Hd

CABEÇAS,
    de cobra, 2, saindo de um cesto.   Dbl   F—   A

CAVEIRA,
    de boi, de touro.   Dbl   F+   Anat.

COLUNA,
    vertebral, parte.   Dbl   F+   Anat.

CORPO,
    humano, parte.   Dbl   F±   Anat.

COSTELAS.   Dbl   F+   Anat.

CRÂNIO,
    de um esqueleto.   Dbl   F+   Anat.

DENTES,
    de cavalo.   Dbl   F—   Ad

ENFEITE.	Dbl	F±	Obj.
ESÔFAGO,			
e traquéia.	Dbl	F+	Anat.
ESTERNO.	Dbl	F+	Anat.
ESTRUTURA,			
óssea.	Dbl	F±	Anat.
FLORES,			
brancas, ramo.	Dbl	FC'	Pl
H,			
um agá.	Dbl	F—	Simb.
OSSOS.	Dbl	F±	Anat.
VÉRTEBRAS.	Dbl	F+	Anat.

Dbl 2

ÁGUIA.	Dbl	F+	A
ASA,			
branca.	Dbl	FC'	Ad
COSTELA.	Dbl	F—	Anat.
EMBLEMA,			
da aeronáutica.	Dbl	F+	Simb.
GAIVOTA,			
voando.	Dbl	Kan	A
MORCEGO,			
voando.	Dbl	Kan	A
PÁSSARO,			
voando.	Dbl	Kan	A

Dbl 3

CABEÇA,			
de pássaro,	Dbl	F+	Ad
avestruz,	Dbl	F+	Ad
marreco.	Dbl	F+	Ad

Dbl 4

CABEÇA,			
de pássaro,	Dbl	F+	Ad
de tamanduá.	Dbl	F+	Ad
JANELAS,			
de trem, pelo branco brilhando.	Dbl	FC'	Arq.

PRANCHA IX

G

ALGA,
    marinha, pelas cores.   G   CF   Pl

APARELHO,
    digestivo.   G   F—   Anat.

ÁRVORE,   G   F+   Pl
    cheia de flores,   G   FC   Pl
    vermelha,   G   CF   Pl
    de enfeite,   G   FC   Pl
    de Natal,   G   FC   Pl
    em chamas,   G   CF   Pl — Fogo

ASAS,
    2.   G   F—   Ad

BALÕES,
    coloridos.   G   CF   Obj.

BICHO,
    estranho, de cores e forma,   G   CF   A
    estranha,
    qualquer.   G   F±   A

BICHOS,
    vários,   G   F±   A
    em briga.   G   Kan   A

BOI,
    a cabeça, olhando de frente sob uma
      moita.   Gbl   FC   Ad

BORBOLETA,
    por causa da parte de cima,   G   F—   A
    colorida.   G   FC   A

BORRÕES,
    tintas misturadas,   G   CF   Frgm.
    numa paleta de pintor,   G   CF   Frgm.
    num pano de limpar pincel.   G   CF   Frgm.

BRUXAS,
    2, cozinhando em caldeirão.   G   K   (H) — Cena

CABEÇAS,
(>)   2, olhando para cima (na cor-de-rosa)
    para o verde e o laranja.   G   FC   Hd

CACHOEIRA   G   Kob   Nat.

CALEIDOSCÓPIO.   G   CF   Frgm.

CÁLICE,   G   F+   Obj.
    embaçado, pelo esmaecimento das
    cores.   G   FC   Obj.

CARANGUEJO,
    por causa das garras.   DG   F—   A

CARCAÇA,   G   CF   Anat.
    bem colorida.

CENA,
    de contos de fadas, pelas cores.   G   CF   Cena

CHAFARIZ,   G   FC   Arq.
    com esguicho subindo.   G   Kob   Arq.

CONTINENTE,
    visto do alto, de avião.   G   FC   Geo

CORPO HUMANO,
    uma região aberta,   G   FC   Anat.
    um corte anatômico, pelas cores.   G   CF   Anat.

COSTELA.   G   F—   Anat.

CRIANÇAS,
    2, deitadas embaixo com um peso en-
    cima delas.   G   K   H — Cena

CRISTAL,
    3 peças de cristal não trabalhadas.   G   CF   Frgm.

DEMÔNIOS,
    2, jogando fogo um no outro.   G   K   (H) — Cena

DESENHO,
    surrealista, mais pelas formas,   G   FC   (Arte)
    de arte moderna, as cores,   G   CF   (Arte)
    de um tapete, em tons claros.   G   CF   (Arte)

DESMAIO,
    porque as cores vão esmaecendo.   G   C   Abstr.

EDIFÍCIO,
    caindo.   G   Kob   Arq.

ENFEITE,
    de algum portão   G   CF   Arte

ENTRADA,
    de uma caverna artificial.   Gbl   FC   (Arq.)

ESQUELETO,
    colorido.   G   FC   Anat.

EXPLOSÃO,
    atômica,   G   Kob   Frgm.
(V)   o cogumelo,   G   F+   Frgm.
    em 3 fases distintas,   G   CF   Frgm.
    subterrânea, a parte de baixo,   G   Kob   Frgm.
    em ebulição,
    de uma granada no mar.   G   Kob   Frgm.

FEITICEIRAS,
    2.   G   K   (H)

FESTIVIDADE,
    pela cor.   G   C   Abstr.

FIGURA,
    de ficção científica, com os olhos,
    (os pontos brancos centrais).   Gbl   FC   Másc.

FIGURAS,
    2, fantásticas.   G   K   (H)

FIGURAS,
    3, correndo uma atrás da outra.   G   K   (H)

FILME,
    de ficção, elementos.   G   CF   Arte

FLOR,
    corte, pistilo, estames,   G   F+   Pl
    mais pela cor,   G   CF   Pl
    exótica, selvagem,   G   FC   Pl
    corola no desabrochar,   G   FC   Pl
    íris ou orquídea.   G   FC   Pl

FLORES,
    2, ligadas pelo rabinho, sendo o verde
    folhas entrelaçadas.   G   FC   Pl

FLORESTA.   G   CF   Nat.

FOGO,
    incêndio.   G   C   Fogo

FOGUEIRA,
    de feiticeira.   G   CF   Fogo

FOGUETE,
    saindo.   G   Kob   Obj.

FOLHAGENS.   G   CF   Pl.

FONTE,
    com águas dançantes.   G   Kob   Arq.

GLOBO,
    coberto de cores sem formas.   G   CF   Obj.

GRUTA,
    interior.   G   F±   Nat.

GUERRA,
    o verde, lançando-se sobre o rosa,   G   Kob   Abstr.
    por causa dos soldados no alaranjado,   G   K   H
    de dois espadachins lutando num cor-
    redor profundo.   G   K   H — Cena

HOMEM,
(>)   examinando uma paisagem   G   K   H — Cena
    com cigarro na boca, pintando um
    quadro.   G   K   H — Cena

INFERNO,
    pelas cores.   G   C   Abstr.

JARDIM,
    com flores variadas.   G   CF   Nat.

JARRO,
    vaso,   G   F+   Obj.
    pelas cores.   G   CF   Obj.

LAMPARINA,
    brilhando.   G   FC   Obj.

LEGUMES.   G   CF   Alim.

LÍQUENS,
    de diversas cores.   G   CF   Pl

LUTA,
    entre o Bem e o Mal.   G   Kob   Abstr.

MAGOS,
    2, com aqueles chapéus, feito Merlim
    saindo de uma nuvem.   G   K   (H) — Cena

MAPA,   G   F±   Geo
    colorido.   G   CF   Geo

MAR,
    coisas do fundo do mar, crustáceos, lodo
que se desgasta.   G   FC   Nat.

MÁSCARA,
        G   F+   Másc.
    representando uma caveira de   G   F+   Másc.
monstro,
colorida.   G   FC   Másc.

MATO,
    que cresceu num lugar abandonado.   G   CF   Pl

MONUMENTO,
    com 4 animais superpostos.   G   F±   Arte

MULHER,
(∨)   fantasiada, corista de 1900 com chapéu de plumas rosa, casaco verde e
as pernas.   G   K   (H)

NUVENS,
(>)   com o sol,   G   CF   Nat.
    refletidas numa superfície líquida,   G   CF   Nat.
    sobrepostas com diferentes tonalidades.   G   CF   Frgm.

OBJETOS,
    quaisquer, sem contorno determinado.   G   F±   Obj.

ÓRGÃOS,
    internos,   G   CF   Anat.
    como os pulmões.   G   F—   Anat.

OSSOS,
        G   F±   Anat.
    da bacia,   G   F—   Anat.
    da coluna vertebral.   G   F—   Anat.

PAISAGEM,
    submarina,   G   CF   Nat.
    com esponjas,   G   CF   Nat.
    com montanhas,   G   CF   Nat.
(>)   refletindo-se na água.   G   FC   Nat.

PEDRAS,
        G   CF   Frgm.
    agrupadas, apesar das cores,   G   F±   Frgm.
    caindo dentro d'água.   G   Kob   Frgm.

PESSOA,
(∨)   fantasiada muito gorda,   G   K   (H)
    fantasiada de *cow-boy*   G   K   (H)

PETECA.
   G   FC   Obj.

PINHEIRO,
    no primeiro plano com uma floresta
    atrás.   G   FC   Pl

PINTURA,
    moderna, abstrata.   G   CF   (Arte)

PLANETA,
    a superfície de um planeta qualquer.   G   CF   Frgm.

PLANTA,   G   F±   Pl
    colorida,   G   FC   Pl
    submarina, pelas cores.   G   CF   Pl

POLVO.   G   F—   A

PURGATÓRIO,
    as almas penadas na cor-de-rosa, o verde seria o castigo.   G   CF   Simb.

QUADRO,
    abstrato,   G   CF   (Arte)
    representando dois centauros sustentando um mastro.   G   FC   Arte — Cena
    vendo-se no meio um contrabaixo.   G   FC   Arte

RADIOGRAFIA,
    de órgãos,   G   F±   Anat.
    colorida, de um indivíduo.   G   FC   Anat.

REAÇÕES QUÍMICAS,   G   C   Frgm.
    transformação química, explodindo,   G   Kob   Frgm.
    na metalurgia, saindo vapor.   G   CF   Frgm.

RIO,
    desaguando numa lagoa.   G   F±   Nat.

ROMPIMENTO,
    de veias.   G   C   Sg.

SEXO.   G   F-   Sexo

TEIA,
    de aranha, colorida.   G   FC   Frgm.

TUBO,
    de ensaio.   G   CF   Obj.

VULCÃO,
    corte,   G   F+   Nat.
    fotografia em cores,   G   FC   Nat.
    em erupção,   G   Kob   Nat.
    com chamas, no vermelho,   G   CF   Nat. — Fogo
    expelindo matéria de dentro de si.   G   Kob   Nat.

PRANCHA IX 173

D 1

BACIA, ILÍACO.	D	F–	Anat.
BICHO,			
um de cada lado.	D	F±	A
BONECO,			
desenho animado, um de cada lado.	D	F+	(H)
BÚFALOS,			
2, opostos.	D	F–	A
BULES,			
de café, 4.	D	F–	Obj.
BUSTO,			
(>) de homem gordo.	D	F+	Hd
BUSTOS,			
2, deitados,	D	F+	(Hd)
em bronze.	D	F+	(Hd)
CABEÇA,			
de perfil (1 de cada lado),	D	F+	Hd
(>) de um homem de bigodes,	D	F+	Hd
de um homem pré-histórico,	D	F+	Hd
de um homem fumando,	D	F+	Hd
de um senhor de idade, aborrecido,	D	F+	Hd
de um anão,	D	F+	Hd
de Balzac,	D	F+	Hd
de Castro Alves,	D	F+	Hd
de Einstein,	D	F+	Hd
de criança,	D	F+	Hd
de vampiro,	D	F+	(Hd)
deformada,	D	F+	Hd
de chinês gordo,	D	F+	Hd
de português,	D	F+	Hd
pintada de vermelho.	D	FC	Hd
CÉREBRO,			
bem sangüíneo.	D	FC	Anat.
CHAMAS.	D	CF	Fogo
CILINDRO.	D	F–	Obj.
CORCUNDA,			
agachado.	D	K	H
CRIANÇAS,			
2, neném risonho,	D	K	H
brincando à beira d'água.	D	K	H

ELEFANTES,
    4,   D   F−   A
    2,   D   F−   A
(V) 1, com orelhas de frente.   D   F−   A

FETO,   D   F−   Anat.
    2, gêmeos,   D   F−   Anat.
    pela cor também.   D   FC   Anat.

FÍGADO,
    com 4 lobos.   D   F−   Anat.

FIGURAS,
    fantásticas, 2   D   F+   (H)

FLOR,
    com galho, exótica   D   FC   Pl
    vermelha.   D   CF   Pl

GALINHAS,
    4.   D   F−   A

HOMEM,
(>) parado olhando alguma coisa,   D   K   H
        fantasiado de Papai-Noel,   D   K   (H)
        acocorado.   D   K   H

HOMENS,
    2, lutando.   D   K   H

MAMÕES,
    4, a cor ajudou.   D   FC   Pl

MORINGAS,
    4.   D   F−   Obj.

NEVE,
    côr-de-rosa,   D   C   Frgm.

NUVEM,   D   F±   Frgm.
(V) cor de rosa,   D   CF   Frgm.
        de chuva, bem chumbo.   D   (C)F Frgm.

ONÇA,
    cabeça.   D   F−   Ad

PÁSSARO,
    pela contextura das plumas.   D   FE   A

PEDRA,
    pela cor, ROCHA.   D   CF   Frgm.

PEIXINHOS,
    ornamentais.   D   FC   A

PRANCHA IX

PELE, de animal.	D	F–	Ad
PINTOS, 4.	D	F–	A
PULMÕES.	D	F–	Anat.
SANGUE.	D	C	Sg
SAPATOS, rosa.	D	FC	Obj.
VELHO, sentado.	D	K	H
VELHOS, 2, rabiscando no chão.	D	K	H
VENTAROLA, de plumas coloridas.	D	FC	Obj.

D 1a

ÁRVORE, (V) com flores rosa.	D	FC	Pl
CASTIÇAL.	D	F–	Obj.
CHAFARIZ, com uma porção de cores, (V) jorrando água.	D D	FC Kob	Arq, Água
COGUMELO.	D	F–	Pl
EXPLOSÃO, de bomba atômica, (V) após a explosão, o cogumelo.	D D	Kob F+	Frgm. Frgm.
FLOR.	D	F±	Pl
MAÇARICO, elétrico.	D	F–	Obj.
NARIZ.	D	F–	Hd
UMBRELA, colorida.	D	FC	Obj.
TAÇA.	D	F–	Obj.
VULCÃO, (V) em erupção.	D	Kob	Expl.

D 1b

ÁRVORE,
    em flor,   D   FC   Pl
    só pelo desenho.   D   F±   Pl

CORPO HUMANO,
    de plástico colorido.   D   FC   Anat.

EXPLOSÃO,   D   Kob   Expl.
(V)   atômica.   D   Kob   Expl.

FOGUETE,
    saindo.   D   Kob   Obj.

NUVENS.   D   F±   Frgm

PESSOAS,
    2, carregando uma árvore.   D   K   H —   Cena

D 2

ANÕEZINHOS,
    2, com as mãos em movimento.   D   K   (H)

ANIMAL,
    cara, pelas orelhas e pelo focinho.   DDbl   F−   Ad

ANIMAIS,
    2, com galhada, fantásticos,   D   F±   A
    com orelhas compridas,   D   F±   A
    marinhos.   D   F±   A

APARELHO,
    digestivo.   D   F−   Anat.

ARANHA,
    por causa das garras.   D   F−   A

ASAS,
    de anjo, 2,   D   F−   Simb.
    de pássaro.   D   F−   Ad

BACIA.   D   F−   Anat.

BESOURO,
    por causa das pinças.   D   F−   A

BICHO,
    do mar, pelo colorido e as garras.   D   FC   A

BICHOS,
    2, lutando.   D   Kan   A

PRANCHA IX

BORRÃO,
    cor de abóbora.   D   CF   Frgm.

BRUXAS,
    2, conversando,   D   K   (H)
    olhando por um binóculo.   D   K   (H)

CAMARÕES,
    por causa da cor.   D   CF   A

CARANGUEJO.   D   F+   A

CARNEIRO.   D   F−   A
(>)

CAVALOS MARINHOS,
    2.   D   F+   A

CENOURAS,
    2.   D   CF   Pl

COLORIDO,
    de filme antigo.   D   C   Arte

CORPO HUMANO,
    uma parte, o interior.   D   F±   Anat.

CRUSTÁCEO,
    lagosta ou camarão, por causa das garras e da cor.   D   FC   A

DIABINHOS,
    2, procurando sorver o líquido de um cálice.   D   K   (H) — Cena

DRAGÕES,
    desses que aparecem em brasões,   D   F+   Simb.
    com fogo na boca,   D   FC   (A)
    lutando um com outro.   D   Kan   (A)

DUENDES,
    2, de revista infantil, brincando.   D   K   (H)

FANTASIA,
    de carnaval.   D   FC   Vest.

FANTASMAS,
    2, mostrando as suas garras,   D   K   (H)
    sentados em volta de uma mesa.   D   K   (H)

FEITICEIROS,
    2.   D   K   (H)

FIGURAS,
    2, jocosas, barrigudas, com carinhas
alegres.   D   F+   (H)

FLOR,   D   FC   Pl
    mais pelo colorido,   D   CF   Pl
    corte,   D   F+   Pl
    de algodão, por causa do
branco central.   DDbl   CF   Pl

FOGO,   D   C   Fogo
    por causa das labaredas alaranjadas.   D   CF   Fogo

HOMENS,
    2, com chapéu comprido,   D   K   H
    com telescópio,   D   K   H
    sentados à mesa.   D   K   H

LAGOSTAS,
    2, pela cor também.   D   FC   A

MÃOS,
(V) .   2.   D   F—   Hd

MAPA,
    de uma restinga,   D   F±   Geo
    da Grã-Bretanha,   D   F—   Geo
    da Irlanda,   D   F—   Geo
    da Finlândia.   D   F—   Geo

MARCIANOS,
    2, brincando.   D   K   (H)

ÓRGÃOS,
    coloridos.   D   CF   Anat.

PALHAÇOS,
    2, com fantasias amarelas   D   K   (H)
    músicos, tocando,   D   K   (H)
    dando-se as mãos.   D   K   (H)

PEIXES,
    2.   D   F—   A

PÉS,
(V)   2.   D   F—   Hd

PITU,
    a cor ajudando.   D   FC   A

PLANTAS.   D   CF   Pl

PULMÕES.   D   F—   Anat.

RAIZ,			
fasciculada.	D	FC	Pl
RINS.	D	F—	Anat.
SERES,			
2, muito esquisitos,	D	F±	(H)
pançudos.	D	F+	(H)
SIRI,			
com presas de siri.	D	F+	A
SOLDADOS,			
2, com metralhadoras.	D	K	H
TAÇA.	D	F—	Obj.

D 2a

ABAJUR.	D	F—	Obj.
ARBUSTOS,			
2, a cor ajudando.	D	FC	Pl
BORBOLETA.	D	F—	A
CÁLICE,			
ânfora.	D	F—	Obj.
CAVERNA,			
gelada.	DDbl	CF	Nat.
CORAIS.	D	CF	Nat.
ESPINHA,			
com pulmões.	D	F-	Anat.
FÍGADO.	D	F-	Anat.
FLOR,			
lírio amarelo.	D	FC	Pl
GATO,			
a cara.	D	F-	Ad
INCÊNDIO,			
na floresta.	D	C	Fogo
LOBOS,			
2.	D	F-	A
MAPAS,			
coloridos.	D	FC	Geo

PINTURA,
    moderna.   D   CF   (Arte)

PLANTA.   D   F±   Pl

SISTEMA,
    nervoso central, esquematizado como em livros de anatomia.   D   F–   Anat.

TINTAS,
    misturadas.   D   CF   Frgm.

D 3

ALGAS,
    pela cor.   D   CF   Pl

ANIMAL,
(>)   dentro d'água, com a imagem refletida.   D   FE   A

APARELHO,
    respiratório, uma parte.   D   F–   Anat.

ÁRVORE.   D   F±   Pl

ÁRVORES,
    2, pela cor.   D   CF   Pl

BACIA ILÍACO.   D   F–   Anat.

BICHO,
    estranho, olhando outro bicho.   D   F+   A — Cena

BODES,
    2.   D   F+   A

BORRÃO,
    verde.   D   CF   Frgm.

BOSQUE,
    pela cor.   D   C   Nat.

BRÔNQUIOS,
    2.   D   F–   Anat.

BUSTOS,
    2, do tempo de Roma.   D   F+   (Hd)

CACHORROS,
    2.   D   F+   A

CONTINENTE,   D   F±   Geo
    Europeu.   D   F–   Geo

PRANCHA IX

CORAÇÃO,
    um de cada lado.   D   F–   Anat.

ESCORPIÕES,
    2   D   F–   A

FOLHAS,
    pelo colorido.   D   CF   Pl

GRAMA.   D   C   Nat.

GROENLÂNDIA.   D   F–   Geo

HOMEM,
    tocando corneta, um de cada lado.   D   K   H

HOMENS,
    2, pré-históricos.   D   K   (H)

LOBISOMEM.   D   F–   (H)

MACACO,
    um de cada lado.   D   F+   A

MAPA,   D   F±   Geo
    da Ásia,   D   F–   Geo
    colorido.   D   FC   Geo

MATA,
    densa, SELVA.   D   C   Nat.

MONSTROS,
    2.   D   F±   (A)

MONTANHAS,
    mais pelo colorido.   D   CF   Nat.

MONUMENTO,
    com dois leões.   D   F+   Arte

NUVENS.   D   F±   Frgm.

OSSO,
    esfenóide, pelas asas.   D   F–   Anat.

OVÁRIOS.   D   F–   Anat.

PALETA,
    pelo formato.   D   F–   Obj.

PÁSSAROS,
    2, voando, descendo, tocando-se o bico.   D   Kan   A

PEIXES,
    2, a cor ajudou.   D   FC   A

PESSOA,
	subindo um morro	D	K	H
	(um de cada lado),			
	motorizada (idem),	D	K	H
(>)	esquiando (idem),	D	K	H
	rosto de pessoa meio débil mental.	D	F+	(Hd)

PESSOAS,
2,
    discutindo,   D   K   H
    fumando cachimbo, a cara.   D   F+   Hd

PORQUINHOS,
2,
         D   F+   A
    cabeças, com focinhos encostados.   D   F+   Ad

PULMÕES,
2.   D   F–   Anat.

RÃ, SAPO.   D   F–   A

RINS.   D   F–   Anat.

TECIDO,
    fragmento colorido.   D   CF   Frgm.

TÓRAX,
    mal definido.   D   F–   Anat.

URSOS,
2.   D   F+   A

D 4 (ou Dbl)

ANIMAL,
    enfurecido, a cara.   D   F–   Ad

AURORA,
    pela tonalidade.   D   C   Nat.

CABEÇA,
    de cavalo.   D   F–   Ad

CACHOEIRA.   D   Kob   Nat.

CÁLICE,
    com hóstia.   DDbl   F+   Simb.

CAVEIRA.   D   F–   Anat.

CESTA.   D   F+   Obj.

COISA,
    abstrata, azulada.   D   C   Abstr.

PRANCHA IX

COLUNA,
    vertebral, com as costas.   D   F–   Anat.

CRATERA.   D   F±   Nat.

CRAVO,
    enrolado com papel.   D   F–   Pl

ENSEADA.   Dbl   F±   Geo

ESPONJA,
    pela consistência.   D   EF   Frgm.

ESQUELETO,
    de um fóssil   D   F±   Anat.

FLOR,
    de lis.   Dbl   F–   Pl

GRUTA,
    com luz diáfana, iluminada.   Dbl   EF   Nat.

HOMEM,
    fisionomia humana.   D   F–   Hd

JARRO, VASO.   D   F+   Obj.

LÂMPADA,
    acesa.   Dbl   FE   Obj.

MAÇANETA.   D   F–   Obj.

MANEQUIM.   D   F–   Obj.

MONSTRO,
    cabeça.   D   F±   (A)

MULHER,
    sentada de costas,   D   K   H
    parte genital.   D   F–   Sexo

OVO.   D   F–   Alim.

PLANTA,
    aquática, dentro de um bloco de gelo.   Dbl   FC'   Pl – Frgm.

RAIO SOLAR.   D   C   Nat.

ROCHA,
    dentro d'água.   Dbl   EF   Frgm.

TAÇA.	D	F+	Obj.
VELA,			
acesa dentro de uma lamparina.	Dbl	FE	Obj.
VESTIDO,			
de baile.	D	F−	Obj. − Vest.
VIDRO,			
pedaço.	Dbl	EF	Frgm.

D 4a

APARELHO,			
químico pelas cores.	D	CF	Frgm.
VIOLÃO, VIOLINO, VIOLONCELO.	D	F+	Arte

D 5

ANZÓIS.	D	F−	Obj.
ARANHA.	D	F−	A
CARANGUEJO, SIRI.	D	F−	A
CHIFRES,			
ou antenas, de inseto.	D	F−	Ad
CORAL.	D	CF	Frgm.
CORDÃO,			
com medalha, a cor de ouro.	D	FC	Obj.
FOGO,			
de trás de uma pedra (incluindo a parte superior do branco central).	DDbl	CF	Nat.
GALHOS,			
acinzentando-se,	D	FE	Pl
secos, pela cor também.	D	FC	Pl
GARFOS.	D	F−	Obj.
GARRAS,	D	F+	Ad
de caranguejo,	D	F+	Ad
de escaravelho,	D	F+	Ad
de lagosta,	D	F+	Ad
de siri,	D	F+	Ad
com unhas imensas.	D	F+	Ad
GRADES.	D	F−	Arq.

IODO.	D	C	Frgm.
LAGOSTA.	D	F--	A
MÃOS, 2.	D	F-	Hd
MOSCA.	D	F-	A
MULHER, corpo.	D	F-	H
OSSO, pedaços.	D	F±	Anat.
PASSARINHO, de bico aberto.	D	F-	A
PRESAS, de animal.	D	F+	Ad
RAIZ.	D	F±	Pl
SOL, pondo-se.	D	CF	Nat.

D 6

CABEÇA, de animal,	D	F+	Ad
de cabra, cabrito, carneiro,	D	F+	Ad
de camaleão,	D	F+	Ad
crocodilo, jacaré,	D	F+	Ad
dromedário,	D	F+	Ad
girafa,	D	F+	Ad
rena,	D	F+	Ad
veado.	D	F+	Ad
CARICATURA, de pessoa.	D	F-	(Hd)
MÁSCARA.	D	F±	Másc.
PRAIA, com areia.	D	CF	Nat.

Dd 1

ARMA,	Dd	F+	Obj.
de fogo atirando.	Dd	Kob	Obj.
CANAL.	Dd	F±	Geo

CASTIÇAL.	Dd	F+	Obj.
COLUNA,			
vertebral,	Dd	F+	Anat.
com medula.	Dd	F+	Anat.
ESGUICHO,			
de água.	Dd	Kob	Água
ESPADA.	Dd	F−	Obj.
ESTALACTITE.	Dd	F±	Nat.
FOGUETE,			
subindo.	Dd	Kob	Obj.
JACARÉ,			
pequeno,	Dd	F+	A
pela cor esverdeada.	Dd	FC	A
LANÇA			
chamas.	Dd	Kob	Obj.
MASTRO.	Dd	F−	Obj.
PENA,			
de ave.	Dd	FE	Ad
RIO.	Dd	F±	Geo
TERRA,			
vista de longe.	Dd	FE(v)	Nat.
TORRE,			
bem fina.	Dd	F—	Arq.
VELA,	Dd	F+	Obj.
acesa,	Dd	FC	Obj.
com fumaça.	Dd	FE	Obj.

Dd 2

ANIMAIS,			
2.	Dd	F±	A
BOTA.	Dd	F−	Obj.
CABOS.	Dd	F±	Geo
CHAPÉU.	Do	F+	Obj.
PAPAI − NOEL.	Dd	F+	(H)

ROSTO,
    de anão com chapéu pontudo.   Do   F+   Hd
    de boneco,   Do   F+   Hd
    de diabo, de duende,   Do   F+   Hd
    de homem zangado,   Do   F+   Hd
    de palhaço.   Do   F+   Hd

VIOLONCELO.   Dd   F–   Arte

Dd 3

BACIA,
    ilíaco.   Dd   F+   Anat.

CARNEIRO.   Dd   F–   A

CAVEIRA,
    de boi.   Dd   F+   Anat.

ESQUELETO,
    de animal.   Dd   F±   Anat.

GARRAFA.   Dd   F–   Obj.

MÁSCARA,
    de fantasia, com 2 olhos,   Dd   F+   Másc.
    feita de abóbora,   Dd   F+   Másc.
    de 2 cores.   Dd   FC   Másc.

Dd 4

CABEÇA,
    de cachorro,   Dd   F+   Ad
    de leão,   Dd   F+   Ad
    de tigre.   Dd   F+   Ad

ENCOSTA,
    de uma praia.   Dd   F±   Geo

PERFIL,   Dd   F+   Hd
    de homem.

Dd 5

BALEIA.   Dd   F–   A

CABEÇA,
    humana.   Dd   F–   Hd

MAPA,
    da Noruega.   Dd   F–   Geo

PEDRA,
    gasta pela erosão.   Dd   EF   Frgm.
SINOS.   Dd   F−   Obj.

Dd 6

CARAMUJOS,
    2.   Dd   F−   A
DEDOS.   Dd   F+   Hd
MÃOS,   Dd   F+   Hd
    fechadas, 2 punhos,   Dd   F+   Hd
    fixando-se às rochas.   Dd   F+   Hd
PATAS,
    de urso.   Dd   F+   Ad
PINO,
    de *flash* eletrônico.   Dd   F−   Obj.

Dd 7

BONECOS,
    2.   Dd   F−   (H)
CABEÇAS,
    2, de pessoa.   Dd   F−   Hd
FOCAS,
    2.   Dd   F−   A
GALOS, GALINHAS,
    2.   Dd   F−   A
RATINHOS,
    a parte posterior.   Dd   F−   Ad

Dd 8

BRAÇO.   Dd   F−   Hd
EMBARCAÇÃO,
    em demanda do mar.   Dd   Kob   Obj.
ÓRGÃO,
    sexual feminino.   Dd   F−   Sexo.
OSSO.   Dd   F±   Anat.
VULCÃO,
    em erupção.   Dd   Kob.   Nat.

Dd 9

ROSTO,
    de criança,   Do   F+   Hd
    feto (pela cor também),   Do   FC   Hd
    velho.   Do   F+   Hd

MÃOS.   Dd   F–   Hd

Dd 10

MONTANHAS,
    pela impressão de relevo.   Dd   EF   Nat.

MURO.   Dd   F–   Arq.

Dd 11

COGUMELOS,
    2.   Dd   F–   Pl

TURMALINA.   Dd   CF   Frgm.

Dd 12

BOTÕES,
    de campainha,   Dd   F–   Obj.
    de tampa de panela.   Dd   F–   Obj.

Dbl 1

CABEÇAS,
    humanas, 2.   Dbl   F+   Hd

CAVALOS,
    marinhos.   Dbl   F–   A

LAGOS,
    2.   Dbl   F±   Geo

MACAQUINHOS,
    2.   Dbl   F+   Ad

MAPA,
    do Brasil.   Dbl   F–   Geo

Dbl 2

BURACO,
    de parafuso.   Dbl   F±   Frgm.

CAVERNAS,
    com impressão de profundidade.   Dbl   FE(v)   Nat.

CRATERAS,
    2.   Dbl   F±   Nat.

OLHOS,
    de animal.   Dbl   F+   Ad

Dbl 3

CÚPULA.   Dbl   F+   Arq.

GOLFO.   Dbl   F±   Geo

LAGO.   Dbl   F±   Geo

OVO.   Dbl   F−   Alim.

Dbl 4

PÉ,
    calçado.   Dbl   F+   Hd

PRANCHA X

G

ÁGUA,
    com reflexo de luzes,   Gbl   C   Nat.
    rodeada por folhagens e pedras.   Gbl   CF   Nat.

ALEGORIA,
    carnavalesca,   G   CF   Abstr.
    de insetos coloridos.   G   CF   A

ALEGRIA,   G   C   Abstr.
    dia alegre.   G   C   Abstr.

ANIMAIS,
    pré-históricos, com aspecto grosseiro
    em movimento,   G   Kan   (A)
    tudo mexendo,   G   Kan   A
    descendo uma encosta,   G   Kan   A
    uns voando, outros pulando,   G   Kan   A
    reunidos no fundo do mar,   G   FC   A
    todos coloridos,   G   CF   A
    marinhos, coloridos.   G   FC   A

AQUARELA,
    de criança.   G   CF   (Arte)

ARCO-ÍRIS,
    pela variedade de tons.   G   C   Nat.

ARTE,
    moderna, quadro.   G   CF   (Arte)

ÁRVORE,
(V)   coberta de flores,   G   FC   Pl
    com parasitas.   G   FC   Pl

AVES,
    voando em torno de uma árvore florida.   G   Kan   A – Cena

BAILARINOS,
    cena de balé.   G   K   H – Cena

BAILE,
    de animais.   G   Kan   A -   Cena

BALÕES,
    muitos balões, coloridos, no céu.   Gbl   CF   Obj.

BARRACA,
(V)   de praia.   G   FC   Obj.

BICHINHOS,
    querendo agarrar um pedaço de um
    animal morto.   G   Kan   A -   Cena

BORBOLETAS,
    e flores (sem movimento).   G   CF   A

BORRÕES,
    o conjunto.   G   CF   Frgm.

BOSQUE,
    florido.   G   CF   Nat.

BRIGA,
    de animais, todos chocando-se.   G   Kan   A

CABEÇA,
    de mongol, por causa do bigode, num
    pano de fundo.   Gbl   FC   Hd

CALEIDOSCÓPIO.   G   CF   Obj.

CAMPO,
    florido, alegre,   G   CF   Nat.
    visto de avião com nuvens vermelhas
    por baixo.   G   CF   Nat.

CAPA,
    de programa de teatro.   G   CF   Arte

CARNAVAL,
    folia de cores.   G   C   Abstr.

CARTÃO,
    de Natal com flores.   G   CF   Arte

CÓDIGO,
    pela disposição das figuras.   G   F±   Simb.

COLEÇÃO,
    de insetos, com cores diferentes.   G   FC   A

COLMÉIA,
    silvestre, rodeada de pássaros voando,
    beija-flores sugando.   G   Kan   A -   Cena

CONFUSÃO,
    uma.   G   C   Abstr.

CONTINENTE,
    visto do alto.   G   FC   Geo

CORRIDA,
    todos os animais correndo para cima.   G   Kan   A -   Cena

CRIANÇAS,
    pequenas brincando num jardim florido.   G   K   H -   Cena

CULTURA,
    de bactérias   G   CF   Anat.

DANÇA,
    folclórica, pelo colorido   G   K -   Cena
    girando em torno de um eixo
    fixo de animais, festa   G   Kan   A - Cena
    no fundo do mar

DECORAÇÃO,
    de balé.   G   CF   Arte

DERRAME,
    pelas cores.   G   C   Abstr.

DESENHOS,
    pintados,   G   CF   Arte
    representando animais.   G   FC   Arte

DIA,
    de festa, impressão de dança.   G   K   Cena

ESPANADOR,
(V)   colorido.   G   FC   Obj.

EXAME,
    de gota d'água num microscópio   G   CF   Nat.
    com microrganismos em movimento.   G   Kan   A

EXPERIÊNCIA,
    de um pintor.   G   CF   (Arte)

EXPOSIÇÃO,
    de animaizinhos.   G   FC   A

FAUNA,
    aquática.   G   FC   A

FESTA,
    na floresta, os animais em movimento.   G   Kan   A   —   Cena

FILME,
    de ficção científica, uma cena (com movimento).   G   K   (H)   —   Cena

FLOR,
(V)   cortada verticalmente,   G   FC   Pl
      desfolhando-se,   G   FC   Pl
      rodeada de abelhas (sem movimento).   G   FC   Pl   —   A

FLORES,   G   CF   Pl
    fossilizadas, inscritas em pedras,   G   CF   Pl
    orquídeas,   G   CF   Pl
    ramo de flores, buquê.   G   CF   Pl

FLORESTA,
    tropical, com plantas de cores diferentes.   G   CF   Pl

FOGOS,
    de artifício,   G   C   Arte
    estourando.   G   Kob   Arte

FOLHAS,
    misturadas,   G.   CF   Pl
    caindo.   G   CF   Pl

GUARDA-CHUVA,
(V)   colorido.   G   FC   Obj.

GUARDAS,
    2, fardados, correndo para segurar alguém que estaria sentado ou caído, e curiosos em volta.   G   K   Cena

INSETO,
    visto no microscópio.   G   FC   A

JARDIM,
    cheio de sol,   G   CF   Nat.
    com chafariz no fundo, com flores muito apertadas,   G   FC   Nat
    zoológico.   G   FC   A

LÂMINA,
    com milhões de vírus.   G   CF   Anat.

LANTERNA,
    recortada,   G   FC   Obj.
    japonesa, balançando.   G   Kob   Obj.

LIBERTAÇÃO,
    da alma, com as partes do corpo espalhadas, os anjos levando a alma para o alto.   G   K   Abstr.

LUSTRE,
    colorido.   G   CF   Obj.

MAPA.   G   CF   Geo

MAR,
    fundo do mar,   G   CF   Nat.
    com vários bichinhos movimentando-se,   G   Kan   A
    com algas coloridas,   G   CF   Nat.
    filme do fundo do mar.   G   CF   Nat.

MARCAS,
    na parede, deixadas por 2 pintores que brigaram e atiraram coisas um no outro.   G   CF   Frgm.

MÁSCARA,
(V)   de carnaval,   G   CF   Másc.
    de um chinês de barbicha, a cor ajudando pela fantasia.   Gbl   FC   Másc.

MASCARADOS,
    correndo.   G   K   (H) — Cena

MICRÓBIOS.   G   CF   A

MOLUSCOS,
    pelas cores.   G   CF   A

MONSTRO,
    do outro mundo, com perninhas, capa grande, de pé.   Gbl   K   (H)

MÚSICA,
    sinfonia do Novo Mundo.   G   C   Abstr.

OPERAÇÃO,
    na bacia.   G   CF   Anat.

ORNAMENTAÇÃO,
    carnavalesca.   G   CF   Arte

OSSO ILÍACO.   G   F—   Anat.

PAGODE,
    chinês.   Gbl   FC   Arq.

PAISAGEM,
    bucólica,   G   FC   Nat.
    com torres no fundo.   G   FC   Nat.

PALHETA,
    de pintor.   G   CF   Obj.

PARES,
    fantasiados.   G   K   (H)

PEDRAS,
    com crustáceos, lagostas, caran-
    guejos.   G   FC   A

PEIXES,
    e plantas dentro de um aquário, os
    peixes nadando.   G   Kan   A — Cena

PÉTALAS,
    caídas pelo chão.   G   CF   Pl

PLANTAS,
    marinhas, algas,   G   CF   Pl
    as raízes.   G   CF   Pl

POMAR,
    em plena primavera, cheio de frutas. G   CF   Nat.

PRAÇA,
    com monumentos e árvores.   Gbl   FC   Arq.

PRECIPÍCIO,
    com rochas.   Gbl   F±   Nat.

PRIMAVERA.   G   C   Abstr.

PROBLEMAS,
    na cabeça de uma pessoa, pela con-
    fusão de cores.   G   C   Abstr.

PROTOZOÁRIOS,
    vistos sob uma lâmina de micros-
    cópio.   G   CF   A

RABO,
(V)   de pavão.   G   CF   Ad

RAIVA.   G   C   Abstr.

RUA,
    uma longa rua com insetos junto de
    um mastro (com movimento).   Gbl   Kan   A - Cena

SELVA, com vários animais, impressão de rebuliço.	G	Kan	A –	Cena
SERES, 2, que produzem uma substância qualquer que atrai todos os outros (são animais).	G	Kan	A	
TRAGÉDIA, (o azul lembra um olho raivoso).	G	CF	Abstr.	
VASO, (V) com arranjo de flores.	G	CF	Arte	
VÍSCERAS, abdominais, pedaços,	G	CF	Anat.	
restos de um bicho amassado.	G	CF	Anat.	
VITRINA, de jóias.	G	CF	Arte	

D 1

ALGAS,	D	F±	Pl	
vegetação submarina, pelas cores	D	CF	Pl	
com coral.	D	CF	Nat.	
AMEBA.	D	F±	A	
ANIMAIS, 2,	D	F±	A	
parecidos com dragões.	D	F±	(A)	
ARACNÍDEOS, grandes.	D	F+	A	Ban
ARANHAS, 2,	D	F+	A	Ban
brigando,	D	Kan	A	Ban
de pernas muito tortas.	D	F+	A	Ban
BICHINHOS, 2.	D	F±	A	
BORRÕES, de tinta azul.	D	CF	Frgm.	
CACHORROS, pelo rabo.	D	F–	A	
CARANGUEJOS.	D	F+	A	Ban
CRUSTÁCEOS.	D	F+	A	Ban

ESCARAVELHOS.	D	F—	A
ESCORPIÕES.	D	F—	A
ESTRELAS,			
do mar.	D	F—	A
FLORES,			
pela côr azul,	D	CF	Pl
mais pelo formato,	D	FC	Pl
só pelo formato,	D	F±	Pl
crisântemos azuis.	D	FC	Pl
FOGOS,			
de artifício	D	CF	Arte
estourando.	D	Kob	Arte
FOGUEIRA,			
espalhando-se.	D	Kob	Fogo
FOLHAGEM.	D	F±	Pl
ÍNDIOS,			
fantasiados, com penas e vegetais, na cabeça.	D	F—	(Hd)
INSETOS,			
2.	D	F±	A
LAGOSTAS,			
2.	D	F—	A
LULAS,			
2.	D	F—	A
MEDUSAS,			
2.	D	F—	A
MOSCA,	D	F—	A
que pousou em cima de tinta azul.	D	FC	A
ONDAS,			
do mar.	D	C	Nat.
PARASITA.	D	F±	Pl
POLVOS.	D	F+	A
RAÍZES.	D	F±	Pl
RAMIFICAÇÃO,			
dos brônquios.	D	F—	Anat.
RECIFE,			
de coral.	D	F±	Nat.

PRANCHA X

ROCHAS.	D	F±	Frgm.	
SIRIS, 2.	D	F+	A	Ban

D 1a

ARANHAS,				
2, carregando uma folha,	D	Kan	A	Ban
pegando um bicho.	D	Kan	A	Ban
BICHOS,				
quaisquer,	D	F±	A	
abraçando-se e beijando-se.	D	Kan	A	
BOCA,				
de dragão tentando pegar algo.	D	F–	Ad	
CARANGUEJOS,				
com uma coisa presa nas garras.	D	F+	A	Ban
CÉLULAS,				
coloridas, azuis, verdes.	D	CF	Anat.	
FORMIGAS,				
carregando uma folha.	D	Kan	A	
GALHOS,				
de árvore soltos com folha verde.	D	FC	Pl	
INSETOS,				
procurando comida.	D	Kan	A	
PÁSSAROS,				
2, verdes, pousados em raízes.	D	FC	A	
SERES,				
de outro planeta, segurando algo verde que pode ser outro ser que os está atacando.	D	K	(H)	

D 2

ALGAS,			
ou musgos.	D	CF	Pl
ÁRVORE,			
tronco.	D	F–	Pl
BACIA.	D	F–	Anat.
BOFE,			
de boi, pela coloração.	D	CF	Anat.

BONECOS,
    2.   D   F+   (H)

BOTA,
    com perneira.   D   F-   Obj.

CAMARÕES,
    2,   D   F-   A
    pelo colorido.   D   CF   A

CANIBAIS,
    2, assando carne (o azul).   D   K   H

CAVALOS,
    marinhos.   D   F-   A

CONTINENTES,
    2.   D   F±   Geo

CORDILHEIRAS,
    vermelhas, as partes mais escuras sendo mais altas.   D   FC   Nat.

CRIANÇAS,
    brincando,   D   K   H
    fantásticas, voando,   D   K   (H)·
    com mamadeira na boca,   D   K   H
    fazendo bolas de sabão.   D   K   H

DUENDES,
    2, fazendo arte.   D   K   (H)

ENCOSTAS,
    2, escarpadas.   D   F±   Nat.

FETOS,
    2.   D   F+   H - Sexo

FLOR,
    (V)   corte.   D   F-   Pl

FUMAÇA.   D   EF   Frgm.

GARGANTA.   DDbl   F-   Anat.

GLÂNDULAS.   D   F±   Anat.

HOMEM,
    1, e uma mulher.   D   K   H

HOMENS,
    com barbicha e túnica comprida, vermelha,   D   K   H
    em caricatura.   D   F+   H

PRANCHA X

ILHAS, 2.	D	F±	Geo
JACARÉS, 2.	D	F–	A
JOVENZINHAS, 2, desfalecendo.	D	K	H
LAGO, (o branco), com as bordas.	DDbl	F±	Nat.
LAGOAS, 2.	D	F±	Nat.
LARVAS, 2, uma de frente para a outra.	D	F–	A
MAPAS, 2, pelo contorno.	D	F±	Geo
em relevo,	D	FC	Geo
da Inglaterra,	D	F–	Geo
da Itália.	D	F–	Geo
MISTURA QUÍMICA.	D	C	Frgm.
MOÇAS, 2, segurando a mão de um garoto (o azul).	D	K	H – Cena
MONTANHAS, pela cor.	D	CF	Nat.
MULHERES, 2, caminhando uma em direção da outra.	D	K	H
NUVENS,	D	F±	Frgm.
iluminadas pela luz solar.	D	CF	Frgm.
OMOPLATAS.	D	F–	Anat.
OSSOS.	D	F±	Anat.
PARTES, do corpo, órgãos.	D	F±	Anat.
PEDAÇOS, de carne.	D	CF	Anat.
PERNAS, 2, com pé, como se estivessem dando um chute.	D	Kp	Hd

PESCOÇO,
    o interior.   D   F–   Anat.

PESSOAS,
    2, tocando algum instrumento de sopro.   D   K   H
    tomando refresco com canudinho.   D   K   H

PLUMAS.   D   FC   Obj.

PULMÕES,   D   F–   Anat.
    por serem vermelhos,   D   CF   Anat.
    radiografia colorida,   D   FC   Anat.
    contaminados por alguma doença (o azul).   D   F–   Anat.

RADIOGRAFIA,
    colorida.   D   CF   Anat.

RINS.   D   F–   Anat.

ROCHAS,
    pedras, pela contextura,   D   EF   Frgm.
    pela coloração.   D   CF   Frgm.

SACIS,
    2, fumando cachimbo.   D   K   (H)

SANGUE.   D   C   Sg.

SORVETE.   D   C   Alim.

VELHAS,
(V)   2, conversando.   D   K   H

VESTIDOS,
(V)   de noivas, 2.   D   F+   Obj.

D 2a

BORBOLETA,
    (incluindo o centro).   D   F–   A

BRASÃO,
    de uma família (incluindo o branco).   DDbl   F–   Simb.

CÁLICE,
(V)   enfeitado.   D   FC   Obj.

CARA,
    de pessoa, com chapéu na cabeça, colorida.   DDbl   FC   Hd

PRANCHA X

CORPO HUMANO,
    o interior,   D   F–   Anat.
    o colorido ajudando,   D   FC   Anat.
    em radiografia.   D   F–   Anat.

COSTELA,
    de porco por causa da cor.   D   CF   Anat.

DECORAÇÃO.   D   CF   Arte

ENTRADA,
    de um parque infantil.   D   FC   Arq.

ESCULTURA.   D   F±   Arte

ESQUELETO,
    esboço.   D   F–   Anat.

ESTRUTURA ÓSSEA.   D   F–   Anat.

FANTOCHES,
    2, de capuz.   D   F+   (H)

FIGURAS,
    2, brigando, com um tronco em cima.   D   K   H

FLOR,
(V)   grande.   D   FC   Pl

FORMIGAS,
    2, em cima de uma pedra côr-de-rosa.   D   FC   A

HOMENS,
    2, com coroa na cabeça, dançando.   D   K   H

LAGARTAS,
    2, pegando outro bicho que foge.   D   Kan   A   –   Cena

MÁSCARA.
(V)   DDbl   FC   Másc.

ORQUÍDEA,
(V)   pela cor.   D   CF   Pl

PLUMAS,
    enfeite de pluma bem felpudo.   D   FE   Obj.

PORTÃO,
    oriental.   D   FC   Arq.

ROSTO,
(V)   de um chinês,   DDbl   FC   Hd
    de um monstro.   DDbl   FC   (Hd)

SINO,
    de Natal.   D   FC   Simb.

TOCHA,
(V)   olímpica.   DDbl   F−   Simb.

TORRE,
    construída em cima de um desfiladeiro, com duas bases.   D   F+   Arq.

TRAQUÉIA,
    e os brônquios com pulmões.   D   F+   Anat.

D 3

ALICATE,
    com ponta bem fina.   D   F−   Obj.

APARELHO,
    respiratório.   D   F−   Anat.

CABEÇA,
    de um bicho,   D   F±   Ad
(V)   de peru, uma de cada lado.   D   F−   Ad

CACHIMBO,
    um de cada lado.   D   F−   Obj.

CANDELABRO.   D   F−   Obj.

CAVALOS,
(V)   marinhos,   D   F+   A
    a cor dá idéia do mar.   D   FC   A

CENTOPÉIA.   D   F+   A

COBRAS,
    verdes.   D   FC   A

COELHO,
    entre 2 lagartas,   D   F−   A
    com fumaça saindo pelos olhos.   D   F−   A

COPO,
    emborcado.   D   F−   Obj.

CRIANÇA,
(V)   muito pequena, no meio de 2 plumas.   D   F−   H

CROCODILINHOS,
    2.   D   F−   A

ENFEITE,
    de árvore de Natal.   D   CF   Arte

ENGUIAS,
    2.   D   F+   A

FUNIL.   D   F–   Obj.
(V)

GARGANTA.   D   F–   Anat.

INTESTINOS.   D   F–   Anat.

LACRAIAS,
    2.   D   F+   A

LAGARTAS,
    2,   D   F+   A
    mais pela cor,   D   CF   A
    andando.   D   Kan   A

LAGOSTAS,
    2, dançando.   D   Kan   A

LARVAS,   D   F+   A
    pela cor.   D   CF   A

LESMAS,
    verdes.   D   FC   A

MÁSCARA.   D   F–   Másc.

MINHOCAS,
    2.   D   F+   A

ÓRGÃO,
    genital feminino.   D   F–   Sexo.

PAVÕES,
    2.   D   F–   A

PEIXES,
    2,   D   F–   A
    verdes.   D   FC   A

PERNAS,
    2, de gente,   D   F–   Hd
    iguais às de Carlitos,   D   F–   Hd
    de rã, por causa da cor.   D   CF   Ad

PLANTAS,
    2,   D   F±   Pl
    pelo verde, vegetação marinha.   D   CF   Pl

PORTÃO,
    de um jardim com árvores, em forma
    de arco.   D   FC   Arq.

V,
(V)   (letra V)   D   F–   Simb.

VEADO,
(V)   caatingueiro, a cabeça.   D   F—   Ad

VELHO,
com bigode comprido e óculos (incluindo o branco).   DDbl F—   Hd

VERMES,
2.   D   F+   A

D 4

ANIMAIS,
2,
num tronco de árvore,   D   F+   A   Ban
sustentando uma coluna,   D   F+   A   Ban
conversando,   D   F+   A   Ban
com muitas pernas,   D   F+   A   Ban
de imaginação, antipáticos,   D   F+   (A)   Ban
felpudos, sustentando uma coluneta,   D   FE   A   Ban
tentando subir numa árvore,   D   Kan   A   Ban
batendo na árvore,   D   Kan   A   Ban
querendo comer a árvore,   D   Kan   A   Ban
separando um pedaço de madeira,   D   Kan   A   Ban
carregando um tronco,   D   Kan   A   Ban
segurando um tronco para que não caia.   D   Kan   A   Ban

ÁRVORE.
(V)   D   F+   Pl

AVES,
2, defrontando-se com agressividade.   D   F+   A   Ban

BACIA,
ilíaco.   D   F–   Anat.

BARATAS,
2, subindo num tronco.   D   Kan   A   Ban

BESOUROS,
2, segurando um pedaço de pau.   D   F+   A   Ban

BRITADOR,
em movimento.   D   Kob   Obj.

BROCA,
perfurando.   D   Kob   Obj.

CAMALEÕES, subindo numa madeira.	D	Kan	A	Ban
CAMARÕES, 2, subindo num mastro.	D	Kan	A	Ban
CANDELABRO.	D	F+	Obj.	
CAULE, e raiz de planta.	D	F+	Pl	
COLUNA, vertebral.	D	F−	Anat.	
COSTELAS.	D	F−	Anat.	
CRUSTÁCEOS, 2.	D	F+	A	Ban
DIABOS, 2, escorregando por um poste.	D	K	(H)	
ESCADAS, de aeroporto.	D	F −	Obj.	
ESCORPIÕES, 2, subindo numa madeira.	D	Kan	A	Ban
ESTACA, de planta.	D	F+	Pl	
FIGURA, (V) humana, cabelos, olhos, bigode.	D	F−	Hd	
FOGUETE, interplanetário.	D	F+	Obj.	
FORMIGAS, 2, num pau.	D	F+	A	Ban
GALHO, de árvore.	D	F+	Pl	
GANCHOS, de açougue.	D	F−	Obj.	
GARGANTA,	D	F+	Anat.	
com brônquios,	D	F+	Anat.	
com pulmões,	D	F+	Anat.	
com esôfago.	D	F+	Anat.	
GUINDASTE.	D	F+	Obj.	

GORILAS,
    2, subindo numa árvore.   D   Kan   A   Ban

INSETOS,
    2, junto a um galho.   D   F+   A   Ban

JARRO.   D   F±   Obj.

LÂMPADA,
(V)   de Aladim.   D   F+   Obj.

MACACOS,
    segurando um bastão.   D   F+   A   Ban

MARCIANOS,
    2, olhando um para o outro, com um
    poste atrás,   D   K   (H)   Cena
    descendo de um foguete,   D   K   (H)   Cena

MASTRO.   D   F+   Arq.

METRALHADORA.   D   F-   Obj.

MONSTROS,
    2, segurando uma coluna, (animais
    monstruosos).   D   F+   (A)   Ban

OSSOS.   D   F±   Anat.

POSTE,
    com 2 estátuas,   D   F+   Arq.
    agarrado por 2 siris.   D   F+   A   Ban

RAIZ,
    de árvore, com ramificações bem
    grossas.   D   F+   Pl

RATOS,
    2, tentando subir num pau.   D   Kan   A   Ban

TORRE EIFFEL.   D   F+   Arq.

TRAQUÉIA,
    faringe,   D   F+   Anat.
    com pulmões.   D   F+   Anat.

TRONCO,
    de árvore,   D   F+   Pl
    com raízes embaixo,   D   F+   Pl
    de palmeira,   D   F+   Pl
    a cor ajudou um pouco.   D   FC   Pl

VEIAS,
    do corpo humano.   D   F-   Anat.

D 5

ANIMAL,
    pronto para se comer, galinha, frango
    ou peru, um de cada lado.   D   F−   Alim.

ANIMAIS,
    marinhos, 2,   D   F±   A
    pré-históricos, 2.   D   F±   (A)

BARATA,
    cascuda.   D   F+   A

BARBEIROS.   D   F+   A

BEIJA – FLOR,
    voando, um de cada lado.   D   Kan   A

BICHINHOS,
    2,   D   F±   A
    pulando ou correndo.   D   Kan   A

CACHORRO,
    um de cada lado,   D   F+   A
    em movimento,   D   Kan   A
    cabisbaixo, envergonhado.   D   F+   A

CARANGUEJOS,
    em movimento,   D   Kan   A
    ou siris ou camarões.   D   F+   A

CAVALO,
    marinho.   D   F−   A

CERVO,
    um de cada lado,   D   F+   A
    ou GAMO,   D   F+   A
    ou CORÇA,   D   F+   A
    ou VEADO,   D   F+   A
        pulando.   D   Kan   A

CRUSTÁCEOS.   D   F+   A

DESENHOS,
    pré-históricos, a cor.   D   CF   Arte

FORMIGAS.   D   F+   A

GARRAFA,
    de vinho.   D   F−   Obj.

GAZELAS,
    fugindo.   D   F+   A

INSETOS.	D	F+	A
LAGARTIXAS.	D	F–	A
MORCEGOS.	D	F–	A
MOSQUITOS.	D	F–	A
MULHERES,			
2, pulando.	D	K	H
PEIXES.	D	F–	A
PULGÕES,			
de cor diferente.	D	FC	A
RATINHOS,			
2, ratos,	D	F+	A
pela cor também,	D	FC	A
em movimento,	D	Kan	A
de desenho animado.	D	Kan	(A)
SAPOS,			
2, RÃS,	D	F+	A
pulando.	D	Kan	A

D 5a

BICHINHOS,			
2.	D	F±	A
BORRÕES,			
de tinta.	D	CF	Frgm.
BOTÕES,			
de rosa chá.	D	FC	Pl
CONCHA,			
caramujo.	D	F–	A
COROLAS.	D	CF	Pl
FLORES,			
2,	D	CF	Pl
rasgadas,	D	CF	Pl
num galho,	D	CF	Pl
lírios.	D	CF	Pl
FORMIGÃO,			
carregando alguma coisa.	D	Kan	A
FÓSFOROS,			
acesos, 2.	D	CF	Fogo

GRILOS, beijando-se, 2 de cada lado.	D	Kan	A
INSETOS.	D	F+	A
MULHERES, 2, com véu amarelo, lançando-se para a frente,	D	K	H
caindo no espaço.	D	K	H
PEIXES, elétricos, numa dança.	D	Kan	A
SEREIAS, 2, com cabelos esparsos, nadando.	D	K	(H)
TOCHAS, 2, acesas.	D	CF	Fogo

D 6

AMEBAS, 2.	D	F±	A
ANIMAIS, 2, com as patas esticadas.	D	F+	A
ANJOS, 2, voando.	D	K	(H)
BORBOLETAS,	D	F−	A
voando.	D	Kan	A
BRUXAS, 2, sentadas.	D	K	(H)
CACHORROS, 2, CÃES,	D	F+	A
lulus,	D	F+	A
perdigueiros,	D	F+	A
de brinquedo,	D	F+	(A)
sentados,	D	F+	A
uivando,	D	Kan	A
espreguiçando-se.	D	Kan	A
CAPRICÓRNIO.	D	F−	Simb.
CAVALOS, marinhos, 2.	D	F−	A
CÉLULAS, pelo núcleo.	D	FC	Anat.

CELENTERADOS,
    pela cor, parece uma geléia.   D   CF   A

CRIANÇAS,
    brincando.   D   K   H

DUENDES,
    2, brincando.   D   K   (H)

FLORES,
    pela cor amarela.   D   CF   Pl

FOCA,
    2.   D   F+   A

ILHAS.   D   F±   Geo

LEÕES,
    2,   D   F+   A
    a cor ajudou,   D   FC   A
    em estátua.   D   F+   Arte

MANTEIGA,
    espalhada.   D   CF   Alim.

MÔÇAS,
    2, colhendo algo.   D   K   H

MOLUSCOS,
    a cor ajudou.   D   FC   A

MULHERES,
    2, recostadas.   D   K   H

OVOS,
    fritos, 2, estrelados,   D   CF   Alim.
    de galinha, quebrados.   D   CF   Alim.

PARASITAS,
    intestinais.   D   CF   Anat.

PASSARINHOS,
    2, a cor ajudou.   D   FC   A

PEDRA,
    com fóssil no meio.   D   FC   Frgm.

PEIXINHOS,
    dourados.   D   CF   A

PESSOAS,
    2, com as mãos apoiadas no chão.   D   K   H

D 7

AMÍGDALAS.	D	F–	Anat.	
ANIMAIS,				
2, desconhecidos,	D	F+	(A)	Ban
mitológicos,	D	F+	(A)	Ban
pré-históricos.	D	F+	(A)	Ban
ANÕES,				
2, ou monstros com antenas, conversando.	D	K	(H)	
ARANHAS,				
2, com ferrões.	D	F+	A	Ban
BATATA,				
grande.	D	F±	Pl	
BESOUROS,				
2,	D	F+	A	Ban
2 cabeças de besouro.	D	F+	Ad	
BÚFALOS,				
2.	D	F+	A	Ban
CAMARÕES,				
2.	D	F+	A	Ban
CARANGUEJOS,				
2.	D	F+	A	Ban
CORUJAS,				
a cara.	D	F–	Ad	
CRUSTÁCEOS,				
2.	D	F+	A	Ban
DIABINHOS,				
2, conversando.	D	K	(H)	
DUENDES,				
2, conversando.	D	K	(H)	
ELEFANTES,				
2.	D	F–	A	
ESTÁTUAS,				
de portão.	D	F+	Arte	
FORMIGA,				
2 cabeças de.	D	F+	Ad	
GRILOS,				
ou ESCARAVELHOS.	D	F+	A	Ban

HIPOPÓTAMO,
    2, cabeças de.   D   F–   Ad

INSETOS,
    2   D   F+   A   Ban
    de cor marrom.   D   FC   A   Ban

LAGOSTAS,
    2.   D   F+   A   Ban

MACACOS,
    2, em movimento.   D   Kan   A   Ban

MICRÓBIOS,
    vistos no microscópio.   D   F±   Anat.

PEIXE,
    2 cabeças de.   D   F–   Ad

RAIZ,
    tubérculos.   D   F+   Pl

RATOS,
    2, camundongos,   D   F+   A   Ban
    mortos,   D   F+   A   Ban
    pela cor cinza,   D   FC   A   Ban
    andando.   D   Kan   A   Ban

SAPOS,
    2.   D   F+   A   Ban

TOUROS,
    2, bravios,   D   F+   A   Ban
    lutando.   D   Kan   A   Ban

Dd 1

AMEBAS.   Dd   CF   A

ANIMAIS,
    2, pequenos, bichinhos   Dd   F+   A
    deitados.   Dd   F+   A

BATATA,
    doce, a cor ajudou.   Dd   FC   Pl

BÚFALOS,
    2, deitados.   Dd   F+   A

CACHORRINHOS,
    2,   Dd   F+   A
    deitados,   Dd   F+   A
    de cor marrom,   Dd   FC   A
    peludinhos,   Dd   EF   A
    collie   Dd   F+   A

PRANCHA X

CARAMUJO,			
a casinha.	Dd	F–	A
COELHINHOS,			
2,	Dd	F+	A
marrom,	Dd	FC	A
correndo.	Dd	Kan	A
COGUMELOS.	Dd	F–	Pl
DÓLMEN.	Dd	F–	Arq.
(>)			
ESPONJAS,			
2.	Dd	EF	Frgm.
FÍGADOS,			
2.	Dd	F–	Anat.
FÔLHA, FOLHAS,	Dd	CF	Pl
secas,	Dd	CF	Pl
caídas,	Dd	CF	Pl
amareladas.	Dd	CF	Pl
FORMAÇÕES,			
calcárias.	Dd	CF	Frgm.
ILHAS,			
2,	Dd	F±	Geo
parecidas com a Córsega,	Dd	F–	Geo
parecidas com a Groenlândia.	Dd	F–	Geo
LEBRES,			
2.	Dd	F+	A
LESMAS,			
2, a cor ajudou.	Dd	FC	A
NUVEM.	Dd	FC	Frgm.
PÉTALAS,			
de flor.	Dd	CF	Pl
RATINHOS,			
2.	Dd	F+	A
RINS,			
2, pela cor.	Dd	CF	Anat.
VACA,			
deitada ao sol.	Dd	FC	A
VÍSCERAS.	Dd	F–	Anat.

Dd 2

ALICATE.	Dd	F–	Obj.
AMÊNDOAS.	Dd	F+	Pl
APARELHO, de telefonista.	Dd	F+	Obj.
BOLAS, de motor de máquina a vapor, girando.	Dd	Kob	Obj.
BOTÃO, de flor que ainda está para brotar,	Dd	F+	Pl
de eucalipto.	Dd	F+	Pl
BRINCO.	Dd	F+	Obj.
CEREJAS.	Dd	F+	Pl
COLHERES, 2.	Dd	F+	Obj.
ENFEITE, de metal, pela coloração também.	Dd	FC	Obj.
FLOR, corte, parte de dentro,	Dd	F+	Pl
pistilo,	Dd	F+	Pl
estames.	Dd	FC	Pl
FORQUILHA, com cabo partido.	Dd	F–	Obj.
FÓSFOROS, a cor avermelhada ajudou.	Dd	FC	Obj.
FRUTINHAS, presas num galho.	Dd	F+	Pl
HIPÓFISE.	Dd	F–	Anat.
HOMEM, (V) caindo de paraquedas, de longe.	Dd	Kp	H
INSETO, qualquer.	Dd	F–	A
MÁQUINA, com duas bolas.	Dd	F±	Obj.

NOTAS,
    musicais,   Dd   F−   Simb.
    a cor dá idéia de vibração.   Dd   CF   Simb.

OBJETO,
    usado em laboratório, para separar moléculas, girando.   Dd   Kob   Obj.

OLHOS,
    de caranguejo.   Dd   F−   Ad

OSSINHO,
    de galinha, que serve para tirar sorte.   Dd   F+   Anat.

PÊNDULO,
    giratório, em movimento.   Dd   Kob   Obj.

PINÇA.   Dd   F−   Obj.

RAQUETES,
    de tênis.   Dd   F−   Obj.

RINS.   Dd   F−   Anat.

Dd 3

ÁGUIAS,
    2, prontas para voar.   Dd   F+   A

ANIMAIS,
    2, bicudos.   Dd   F±   A

AVES,
    2, azuis.   Dd   FC   A

BACIA,
    ilíaco.   Dd   F+   Anat.

BEIJA-FLORES,
    2.   Dd   F+   A

BORRÕES,
    de tinta azul.   Dd   CF   Frgm.

CACHIMBOS,
    2, tipo holandês.   Dd   F−   Obj.

CARTILAGEM.   Dd   F±   Anat.

CORPO,
    humano, uma parte.   Dd   F±   Anat.

ELEFANTES,
    4, num circo, equilibrando-se.   Dd   F−   A

ENFEITE,
    de Natal.   Dd   F±   Obj.

FRANGOS,
    ou patos assados.   Dd   F+   Alim.

GALINHAS,
    assadas.   Dd   F+   Alim.

HOMENS,
    2, auxiliando-se, para atravessar um
    desfiladeiro.   Dd   Kp   H

ÓCULOS.   Dd   F−   Obj.

PASSAGEM,
    de um morro para o outro.   Dd   F±   Nat.

PASSARINHOS,
    PÁSSAROS, segurando um objeto
    qualquer no bico,   Dd   F+   A
    voando,   Dd   Kan   A
    picando alguma coisa.   Dd   Kan   A

PESSOAS,
    2, em pé sobre uma rocha,   Dd   F+   H
    equilibrando-se.   Dd   F+   H

PONTE.   Dd   F−   Arq.

PULMÕES.   Dd   F−   Anat.

RAIZ.   Dd   F−   Pl

RINS.   Dd   F−   Anat.

SAPINHOS,
    2.   Dd   F−   A

SEIOS,
    de mulher.   Dd   F−   Hd

SOUTIEN,
    azul.   Dd   FC   Obj.

Dd 4

ALGAS,
    pela cor.   Dd   CF   Pl

AVES,
    2.   Dd   F+   A

BICHINHOS,
    verdes, 2.   Dd   CF   A

PRANCHA X

BODE,
    saltando, um de cada lado. — Dd Kan A

BOI,
    em pé, um de cada lado. — Dd F+ A

CÁPSULA,
    verde. — Dd CF Obj.

CARNEIRO,
    querendo saltar, — Dd F+ A
    saltando. — Dd Kan A

COTIA,
    uma de cada lado. — Dd F− A

FAVAS. — Dd FC Pl

FOLHINHAS,
    verdes, — Dd CF Pl
    cortadas, como as que as formigas carregam. — Dd FC Pl

GAFANHOTOS, — Dd FC A
    pulando, — Dd Kan A
    mais pelo verde. — Dd CF A

GRILOS. — Dd F− A

LOUVA-A-DEUS.
    naquela posição clássica, a cor também ajudou. — Dd FC A

MINOTAURO. — Dd F− (A)

PAPAGAIOS,
    PERIQUITOS, 2, conversando, — Dd F+ A
    pela cor. — Dd CF A

PEIXINHOS. — Dd F− A

TOURO,
    TOUROS, deitados, — Dd F+ A
    firmados na parte traseira para pular, — Dd F+ A
    pulando, — Dd Kan A
    investindo contra o vento, — Dd Kan A
    verdes, desenhos das cavernas. — Dd FC Arte

Dd 5

BODE,
    a cara, ou qualquer animal com chifres. — Dd F− Ad

COELHO,
    cabeça, com orelha em pé.   Dd   F+   Ad

RAPOSA,
    cara, vista de frente.   Dd   F−   Ad

TOURO,
    cara.   Dd   F−   Ad

Dd 6

BASTÃO.   Dd   F+   Obj.

CABO,
    de atiradeira.   Dd   F+   Obj.

CÁPSULA.   Dd   F±   Obj.

CAULE,
    de uma árvore.   Do   F+   Pl

ESTACA,
    de madeira.   Dd   F+   Frgm.

ESTÁTUA,
    fincada num pedaço de pau.   Dd   F−   Arte

FOGUETE,
    que vai subir.   Dd   F−   Obj.

MASTRO.   Dd   F+   Arq.

PILASTRA.   Dd   F+   Arq.

TRONCO,
    de árvore.   Do   F+   Pl

TUBO,
    de ensaio.   Dd   F+   Obj.

Dd 7

BONEQUINHO,
    de borracha, dêsses de apertar, côr-de-rosa.   FC   (H)

CABEÇAS,
    2, soprando.   Do   F+   Hd

CARAS,
    de bebês,   Do   F+   Hd
    de crianças com gorro,   Do   F+   Hd
    de bufão,   Do   F+   Hd
    de cozinheiros, com chapéus,   Do   F+   Hd
    de 2 velhas,   Do   F+   Hd
    de índios.   Do   F+   Hd

PERFIL,
    de estátua em mármore rosa.   Do   FC   Arte

Dd 8

CABEÇA,
(V)   de boneco de neve, pela consistência.   Do   FE   (Hd)

COISA,
    côr-de-vinho mesclado.   Dd   C   Frgm.

ESCULTURA,
    de um rosto de pedra, com impressão de relevo.   Do   FE   Arte

ROSTO,
    de pessoa,   Do   F+   Hd
    de velho, de caricatura.   Do   F+   Hd

SAPATINHO,
    de bebê.   Do   FC   Obj.

Dd 9

ASAS,
    amarelas.   Dd   FC   Ad

CABEÇAS,
    de camelo,   Dd   F−   Ad
    de pássaro amarelo com bico escuro.   Dd   FC   Ad

FOLHAS,
    mortas, pela cor.   Dd   CF   Pl

MAPA,
    do Brasil.   Dd   F−   Geo

PEDAÇO,
    de pano voando.   Dd   Kob   Frgm.

PEIXES,
(>)   2.   Dd   F−   A

Dd 10

CAROÇO,
    de uva.   Dd   F−   Pl

CAVEIRA,
    de boi, sem chifres.   Dd   F−   Anat.

LÂMPADA.	Dd	F–	Obj.
PREGO.	Dd	F–	Obj.

Dd 11

BORBOLETINHAS, 2.	Dd	F–	A
FIGURAS, pequenas com o braço levantado.	Dd	F–	H
FLOR.	Dd	F–	Pl
FOLHAS.	Dd	F–	Pl
RAÍZES.	Dd	F–	Pl

Dd 12

CABEÇA, (V) de um animal sem chifres,	Dd	F±	Ad
de um cavalo,	Dd	F–	Ad
de um veado.	Do	F+	Ad
ROSTO, de índio.	Dd	F–	Hd
SAPO, pernas de.	Do	F+	Ad

Dd 13

AVE, entre os galhos.	Dd	F–	A
ESCORPIÃO.	Dd	F–	A
MACACOS, 2, com rabo levantado.	Dd	F–	A
PERNAS, de caranguejo.	Do	F+	Ad
VELHO, furioso, tipo de fazendeiro de desenho animado, só o busto.	Dd	F–	Hd

Dd 14

CORAÇÕES, 2, pela cor.	Dd	CF	Anat.

ESFERAS,
    o contorno.   Dd   F–   Obj.

NOZ,   Dd   F–   Pl
    a cor ajudou.   Dd   FC   Pl

Dd 15

CORAÇÕES,
    2.   Dd   F–   Anat.

FOLHINHAS,
    alaranjadas.   Dd   CF   Pl

OLHOS,
    (de animal).   Dd   F–   Ad

Dd 16

CABEÇA,
    de cachorro,   Do   F+   Ad
(>)   de gato.   Dd   F–   Ad

Dd 17

SÍMBOLO,
    do mundo, com a cruz em cima.   Dd   F–   Simb.

Dd 18

CAMUNDONGO,
    como se fosse saltar.   Dd   F–   A

COELHO.   Dd   F–   A

Dd 19

LITORAL
    de um país.   Dd   F±   Geo

MONTANHAS.   Dd   F±   Nat.

Dd 20

DEDO DE DEUS,
    (a serra).   Dd   F–   Nat.

PÊNIS.   Dd   F–   Sexo

Dd 21

PEIXES,
    2.   Dd   F−   A

Dd 22

ESTRIBO,
    (osso do ouvido).   Dd   F−   Anat.

Dd 23

CABEÇAS,
    de cachorro, 2.   Do   F+   Ad

Dd 24

PERNA,
    de galinha.   Dd   F−   Ad

Dd 25

FOCINHO,
    de rato.   Do   F+   Ad

Dbl 1

CHINÊS,
    sentado.   Dbl   K   H

CRIANÇA,
    vestida de anjo, com asas, de costas,
    somente o busto.   Dbl   F+   K

VASO.   Dbl   F−   Obj.

VIOLONCELO.   Dbl   F−   Arte

Dbl 2

ÁGUA.   Dbl   C'   água

HOMEM,
    montado a cavalo.   Dbl   K   H

SILHUETA,
    de uma pessoa.   Dbl   F+   H

Dbl 3

LOSANGO,
    inacabado.   Dbl   F−   Simb.

TELHADO,
    de casa oriental.   Dbl   F+   Arq.

Dbl 4

ÁRABE,
    de braços abertos.   Dbl   K   H

Dbl 5

LAGOS.   Dbl   F±   Geo

QUADRO V

	I R = 902	II R = 688	III R = 865	IV R = 687	V R = 667	VI R = 641	VII R = 678	VIII R = 826	IX R = 806	X R = 1.318
G	69,96	27,47	45,09	59,53	77,21	42,90	49,71	26,15	26,30	17,98
D^1	11,53	24,85	13,99	12,52	6,15	19,34	15,63	26,88	18,73	14,72
D^2	4,32	14,97	12,83	10,77	5,39	14,66	9,00	16,83	9,31	11,76
D^3		8,87	7,28	5,09		8,42	6,93	11,38		8,50
D^4		8,72	6,70	4,08						8,12
D^5										7,13
D^6										4,55
D^7										4,32
Dd^1	2,77	3,05	3,70	2,47	2,39	2,96	3,10	2,78	3,23	3,64
Dd^2	1,88	1,89	3,01	1,02	1,95	1,72	2,80	2,06	2,11	3,34
Dd^3	1,77	1,02	1,62	0,44	1,95	1,72	2,65	1,69	1,49	3,26
Dd^4	1,77	1,02	1,04	0,44	1,65	1,09	1,62	1,57	0,99	3,26
Dd^5	1,55	0,73	1,04	0,29	1,50	0,94	1,33	1,45	0,99	1,75
Dd^6	1,33	0,58	1,04	0,29	0,45	0,78	1,03	1,33	0,87	1,06
Dd^7	0,78	0,44	0,69	0,29	0,30	0,78	0,88	1,09	0,74	0,99
Dd^8	0,78	0,15	0,58	0,29	0,15	0,78	0,74	0,61	0,74	0,68
Dd^9	0,67	0,15	0,46	0,29		0,62	0,29	0,36	0,62	0,61
Dd^{10}	0,55		0,35	0,29		0,62	0,15	0,24	0,37	0,46
Dd^{11}	0,33		0,23	0,29		0,47		0,24	0,25	0,46
Dd^{12}	0,22		0,12	0,15		0,47		0,12	0,25	0,46
Dd^{13}	0,22			0,15		0,31		0,12		0,38
Dd^{14}	0,11			0,15		0,31		0,12		0,30
Dd^{15}	0,11			0,15		0,16		0,12		0,23
Dd^{16}	0,11									0,15
Dd^{17}	0,11									0,15
Dd^{18}										0,15
Dd^{19}										0,15
Dd^{20}										0,15
Dd^{21}										0,15
Dd^{22}										0,15
Dd^{23}										0,15
Dd^{24}										0,15
Dd^{25}										0,15

Esta obra foi Impressa pelo
Armazém das Letras Gráfica e Editora Ltda.
Rua Prefeito Olímpio de Melo, 1599 – CEP 20930-001
Rio de Janeiro – RJ – Tel. / Fax .: (21) 3860-1903
e.mail:aletras@veloxmail.com.br